ドラマチック・プレゼンテーション

土合朋宏

旅の始まり

本書執筆のきっかけは、２０２１年から始めた一橋大学大学院（ビジネススクール）での講義でした。前年に当時の学科長の先生に「マーケティングに関する講義をしてほしい」という依頼を受け、母校のためになるのであればと考え、何を教えようかと講義のカリキュラムを考え始めたのです。

私自身は、マーケティングが大好きで、30年以上ずっとマーケティングの仕事をしてきて、そのおもしろさも難しさも知っておりました。しかし、ビジネススクールですので、学生といっても平均して10年ほど仕事の経験がある社会人ですから、中途半端なことはできません。私自身はマーケティングの実務家ですので、マーケティングの教科書にのっとってマーケティングの基本を教えるよりは、マーケティング自体の楽しさを伝えるべきではないかと思っていました。

また、日本の企業ではまだまだマーケティングという組織が一般的ではなく、マーケティングの専門職に就く方は少ない。したがって、マーケティングに興味はあるが未経験という人が圧倒的に多いと聞いていました。

一方で、これまで仕事ではずっとマーケティングのことばかりを考えてきました。いろいろなアイデアやプロモーションの承認を取って実行したり、広告を開発したり、どのメディアにどのくらい広告を打てばよいかをプランニングしたり……そんな自分のマーケティング経験から、「マーケティングの考え方は、実はいろいろなところに応用できそうだ」という気持ちが強くなっていました。大学院ですのでマーケティングの専門的な知識を教えることも十分価値があると思いましたが、そういった知識は、マーケティングに携わらない人にとっては、"Nice to Know"（知っていて損ではないが、仕事で必ず使えるというわけではない）情報なので、それよりも、マーケティングの考え方、すなわちマーケティング思考を教えたほうが、多くの学生のためになるのではないかと考えました。また、マーケティングの教科書はたくさんありますが、マーケティングの考え方を教える本が世の中にほとんどないということも、このことを教える価値がありそうだと思える根拠となりました。

そんな思考プロセスを経て、マーケティングの考え方を教える授業が始まったのです。この講義はマーケティングの基本的なフレームワークを教えることから始め、新製品開発やイノベーション、ブランドやアートなど、多岐にわたるテーマをディスカッションしていくのですが、この講義のクライマックスにあたるのが、本書で書いた、マーケティングとプレゼンテーションの関係になります。

「マーケティングの考え方を伝える講義を行おう」と決めて、自分なりに「マーケティング思考とはどのようなものか」をいろいろ考えていくなかで、プレゼンテーションのつくり方がマーケティングの考え方に非常に近いことに気づいたのです。マーケティングとは、まだ知られていない商品やアイデアの魅力を人に伝える行為であり、プレゼンテーションは自分のアイデアを人に伝える行為です。ですから、新しい価値や新しい考え方を人に伝えるという意味では、どちらも本質的には同じわけです。

一方で、学生時代から物語、ストーリーテリングの持つ不思議な力に魅了され、小説や映画の世界に浸ってきました。マーケッターの性《さが》でもあるのですが、なぜおもしろいと思ったのかについて考える癖ができており、ストーリーテリングについても、「なぜ自分はこんなにも物語に魅了されるのか」が気になり、物語の構造や神話の構造に関する本や文献を読んできました。幸いなことに、ここ15年ほどは映画業界に身を置き、仕事として人をワクワクさせる物語、シナリオの構造やそのつくり方を学ぶ機会に恵まれました。そのなかで、物語の構造もまた、マーケティングやプレゼンテーションと共通点が多いことに気づくことができたのです。

自分が大好きなマーケティングとストーリーテリングの2つを同時に仕事にすることができる幸運に恵まれたこと、そして、一橋大学大学院での講義をきっかけに、立ち止まって自分のなかで漠然と考えたことを整理できたこと、それがこの本を書く理由でした。

一見、マーケティング、ストーリーテリング、プレゼンテーションは、かけ離れているように思えます。しかし、どれも構造的には非常によく似ているのです。そう考えて、実際のビジネスの現場でプレゼンテーションを行う際、この考えを試しているうちにその確信は深まりました。

マーケティングとストーリーテリングの考え方を取り入れた、これまでになかったプレゼンテーションの方法論、それが本書で紹介する「ドラマチック・プレゼンテーション」です。インパクトを強め効率的にアイデアを伝えようとするマーケティングの考え方と、丁寧に詳細にアイデアを伝えようとするストーリーテリングの考え方の両方のいいところを使うことで、誰でも確実に魅力的なプレゼンテーションをつくることができると信じています。この本を読むことで、プレゼンテーションのスキルが向上し、マーケティングやストーリーテリングのおもしろさ、すばらしさに気づいていただけたら、幸いです。

2024年10月　土合朋宏

Contents

第3章 ストーリーを構築する

第4章 コミュニケーションをプランニングする

第5章 ストーリーを豊かにする

第6章 5つのツールでインパクトを強化する

第7章 プレゼンテーションをさらにドラマチックに仕上げる

第8章 もっとも大事なキーワード 共感と感動

第
1
章

ドラマチック・
プレゼンテーションとは
何か

世の中はプレゼンテーションであふれている

「プレゼンテーション」を求められる機会が増えていると思いませんか？

かつては、若手社員がプレゼンテーションをする機会といえば、取引先に対して自社の新製品や新しいサービスを提案するとき、お客様に対して自社が提供する新しいサービスを提案するとき、あるいは社内の定例会議で当月の売上とマーケットシェアの増減を説明するとき、そのような機会だけだったはずです。

ところが今では、企業の経営層が、まだ会社の常識にとらわれない入社数年目の若手に、組織の在り方に関する新しい意見やイノベーティブな新規事業のアイデアを求めたりするのは普通になりました。

プレゼンテーションの機会は下から上だけが増えたのではありません。経営者から社員に対しても増えています。

かつてのような、社長が一言、「これを開発する！」と宣言すれば社員がついていく時代は遠い昔です。自社のミッションやパーパスを説明し、それを遂行するための戦略を伝え、それを開発する「意味」を理解させなければ動かない社員も増えています。だから経営者だって社員向けにプレゼンテーションを用意しなければならない時代です。

さらに現代の経営ではステークホルダーが増えました。株主、社員に加え、社会に対しても責任を問われることが多くなっています。株主への説明、社員への説明に加え、社会への責任も説明する必要が出てきています。ステークホルダーが増えれば、当然、自社の考えを伝えるプレゼンテーションの機会も増えることになります。

海外のビジネスパーソンとの交渉だって増えているかもしれません。マンガやアニメは、かつては日本国内だけをターゲットにしていましたが、今では世界各地の方がマンガを読み、アニメを楽しんでいます。日本のすばらしい技術やコンテンツを積極的に海外で売るというビジネスも増えています。

タクシーに乗れば、小さなモニターから経営を効率化するサービス提案の広告が流れ、SNSを見れば、有名人だけでなく、ごく普通の人が自分の意見や自分のアイデアをたくさんの人に伝えています。

そして今の社会は、過去の経験をそのまま繰り返しても成功するわけではない不透明さが高まり、いろいろな選択肢を検討しなければならない時代になりました。また、テクノロジーの発展によって、たくさんの人が安いコストで自分の意見を発言でき、同時に、たくさんの人の意見を聞ける時代になりました。

すなわち、誰かが「一方的にあることを決める」ということができにくくなった結果、「プレゼンテーション」を行ったり、聞いたりする機会が増えているのです。そのため、ビジネスのさまざまなシチュエーションで「プレゼンテーションのスキル」が求められるのです。

プレゼンテーションは難しいのか

その一方で、プレゼンテーションについて教えてもらったことがある人は非常に少なく、ほとんどの方が、書籍等を参考に独学で学ぶあるいは、職場の先輩や上司の手法をそのままトレースしているようです。

実際のビジネスの現場ではプレゼンテーションを行う機会が増えているのに、学ぶ機会がないというのは、残念だと思っていましたので、私の大学院（ビジネススクール）の授業では、プレゼンテーションについて学ぶことをカリキュラムに取り入れました。

講義を取ってくれている大学院の学生にプレゼンテーションについて聞いてみると、毎年全体のほぼ半分が、「自分はあまりプレゼンテーションが得意ではない」と思っています。ほとんどの学生が10年以上仕事をした経験があり、大学院で経営についてもっと学びたいという人たちですから、そのようなプロ意識の高いビジネスマンの約半数があまり得意ではないと答えているのは、割合としては多いように思います。

実際、私が大学院で教えるビジネスマンの生徒にプレゼンテーションに関して苦労したり工夫したりしている点を聞いたところ、プレゼンテーションのストーリーづくりに関すること、メッセージをシンプルにすること、そして熱い思いや感情をこめることが、上位トップ3の関心ごとでした。その中に以下のようなコメントがありました。

・ストーリーづくりに関すること

「プレゼンテーション資料の作成にあたっては、自分が伝えたいポイントをストーリーに落とし込むことが難しいと感じる」「毎回ストーリー構成を考えるのが難しく時間がかかる」

・メッセージをシンプルにすること

「スライドにたくさんの情報を入れ込みがち」「いかに情報を集約して聞き手が理解できる資料にできるかに、毎回悩んでいる」「伝えたいことが多く、情報過多になることが多い」「話を簡潔にできないことが課題」

・熱い思いや感情を込めること

「わかりやすいプレゼンテーションを心がけた結果、情緒的に相手に訴えるプレゼンテーションができない」「感動的・魅力的なレベルに到達するための方法論を知りたい」「論理的に説明できれば納得してくれるわけではないと感じている。感情面も含めた自分の思いを伝えたいと思っている」

仕事でプレゼンテーションをつくったり聞いたりしたことがある方なら、こういったコメントは、一度は耳にしたことがあるのではないでしょうか。プレゼンテーションの書籍はさまざまなものが出版されており、デザインや文章も生成AIでパッとつくれてしまうにもかかわらず、なぜ苦手と感じてしまうのでしょうか。

これまで自分でもたくさんのプレゼンテーションを行い、社内外、そして大学院の授業等でさまざまなプレゼンテーションを見てきた経験からいうと、あまり評判の良くないプレゼンテーションには、主に次の3つのような傾向があります。

1つめは、「データや状況を羅列しただけで終わってしまう」プレゼンテーション。いろいろな情報は網羅的に提供されるものの、プレゼンター（提案者）が何を問題と考え、どうしたいのかがまったくわからないタイプのものです。このパターンのプレゼンテーションは、収集した情報を整理してまとめただけですので、オーディエンス（聞き手）は「配布資料として提供してくれれば十分」と感じてしまいます。

2つめは、「問題は書かれているが、解決案が提示されていない」プレゼンテーションです。プレゼンターが問題と考えていることは語られているものの、それに対する解決案が提示されていないため、プレゼンターが何をしたいのかがわからないという不満が、オーディエンスに残ってしまいます。

これは、ミステリードラマにたとえれば、殺人事件が起こって犯人捜しがはじまったが、最後になっても犯人も犯行のトリックも明かされないまま終わってしまうようなものです。問題点が気になれば気になるほど、モヤモヤとした気持ちが残ってしまいます。

3つめは「問題と解決案がかみ合ってない」プレゼンテーション。プレゼンターが考える問題点も解決案も語られているが、解決案が正しく問題点にアプローチしていないという場合です。

たとえば、問題点が複数あることを指摘しているのに、そのうちの一部の解決案しか提示されていないとか、問題の提起からいろいろ話を進めているうちに、話がずれてしまい、解決案が問題点の解決にならなくなってしまっているケースです。

この3パターンのプレゼンテーションが良くないのは、どれもきちんと問題の提起と解決案の提示がなされていないからです。問題の提起と解決案の提示の2つは常に1つのセットとしてプレゼンテーションで語られなければなりません。

また、問題の提起と解決案がきちんと提示されていても、あまり評判が良くないパターンもあります。それは、「自分が伝えたいアイデアを一方的に説明する」独りよがりのプレゼンテーションです。プレゼンターの伝えたいことはなんとなくわかるが共感しにくい、あるいは提案されたことが十分には理解できないと感じてしまうプレゼンテーションです。

この場合、プレゼンテーションを聞いた後でも、その提案を受け入れたほうがいいのかどうか判断がつかない、あるいはプレゼンターのアイデアがまったく響かず、結果的にはプレゼンターの提案が通らないということが増えてしまいます。

私はこういったうまくいかないプレゼンテーションもたくさん見てきましたが、実はその多くに共通した問題点があります。それは「**自分が伝えたい問題点と解決案であるアイデアが明確に提示されていない**」こと、あるいは「**プレゼンテーションにストーリーがない**」ことです。

なぜこの2つの失敗が起こるのでしょうか。これは論理思考ができていない、経験が足りないというよりは、プレゼンテーション全体に取り組む考え方、つくり方の問題だと私は考えています。

では、どうしたらアイデアが明確でストーリーのある「良いプレゼンテーション」がつくれるようになるのでしょうか。

理想的なプレゼンテーションとは

良いプレゼンテーションでは必ず、「伝えたいアイデアが明確」で、「わかりやすいストーリー」に沿って説明がなされています。しかしこれだけでは、じつは及第点を超えたレベルにすぎません。

私が考える理想的なプレゼンテーションとは、単にわかりやすいというレベルにとどまるものではなく、それ以上のもの、「聞き手である**オーディエンスが感動する魅力的なプレゼンテーション**」です。

ここまで到達したプレゼンテーションが相手の心に響かないわけがなく、成功や成果に直結することは間違いないでしょう。私はそんなプレゼンを「**ドラマ**

チック・プレゼンテーション」と呼んでいます。

ドラマチック・プレゼンテーションの「肝」は、**マーケティングの思考**と**ストーリーテラーの思考**の2つをプレゼンテーションに活用するというものです。このことにより、プレゼンテーションをドラマチックに仕上げることができるのです。

マーケティングとは、まだ十分には満足していない消費者のニーズ（これを未充足のニーズと呼びます）を見つけ、そのニーズを満たす商品やサービスを開発し、そのことをお客様に伝えて、購入していただくための活動です。ですからそのなかには、商品開発や広告開発、コミュニケーション戦略の立案などの手法が含まれています。

そのなかでも特に、数ある競合他社の商品に対してユニークな差別性を持つ新商品の開発や、15～30秒のテレビ広告や、数秒のウェブ広告、あるいはたった1枚で説明しなければならない雑誌の裏表紙やポスターなどの広告開発は、非常

マーケティング思考とストーリーテラー思考

	マーケティング思考	ストーリーテラー思考
考え方	アイデアをシンプルに 研ぎ澄ます	ストーリー性を強め、 感動を生む
ターゲット	不特定多数の マス・マーケット	その物語に浸りたいと 感じている人
手法	シンプル、 インパクトを強化 効率的	ディテール、緻密 繊細 時間をかける
コミュニケーションの時間	数秒から 最大1分程度	30分から数時間

に短い時間で自分たちのアイデアやメッセージを伝える手法です。

短時間でアイデアやメッセージを伝えるためには当然、伝えたいことを徹底的に吟味し、大事なことに絞り込まなければなりません。ですから、このマーケティングの思考を使えば、「**自分の主張をシンプルに研ぎ澄ます**」ことができるのです。

これに対して、ストーリーテリングとは、文字が誕生するはるか以前からある、アイデアを人に伝える方法です。ある時は狩りの勝利を、ある時は人々の勇気を、そしてある時はこれからやってくる恐怖を口頭で伝えてきました。

ストーリーテリングは、さまざまな情報を丁寧に繊細に1つの物語に紡ぐことで、伝えたいアイデアを感動とともに伝える方法です。ですから、このストーリーテラーの思考を使うことで、「**ストーリー性を強め、感動を生む**」ことができるのです。

マーケティングとストーリーテリングという2つの方法をプレゼンテーションにうまく活用しようというのが、「ドラマチック・プレゼンテーション」なのですが、実は、これまでこの2つを一緒に活用することが提案されたことはありません。というのは、この2つは真逆のアプローチだからです。

マーケティングでは、不特定多数のマス・マーケットに対して、効率的なコミュニケーションが求められます。ですからマーケティングという分野では、シンプルでインパクトのある手法がもっとも有効なのであり、たくさんの情報を数時間かけてしっかりと伝えるストーリーテラーの思考はあまり有用ではないのです。

一方、映画・テレビドラマ・小説等に代表されるストーリーテリングは、その物語に浸りたいと考えるお客様に対して、ディテールを積み重ね、繊細に緻密に情報を伝えていくことで主人公に共感してもらい、その場を一緒に体験しているように感じてもらい、感動とともにアイデアを伝える方法です。ですから、効率的に伝えようとするマーケティング思考の出番はないわけです。

ではなぜ、この真逆のアプローチである2つをうまく活用できるのかといえば、それが「プレゼンテーション」だからなのです。

通常、プレゼンテーションは15分から1時間程度で行うものであり、ある程度限られたオーディエンス（聞き手）に対して行われるものです。ですから、プレゼンテーションとは、アイデアを伝えるという点では、マーケティングとストーリーテリングの中間に位置するものなのです。

プレゼンテーションを真ん中に置いてみると、マーケティングはもっともシンプルな商品やサービスのプレゼンテーション形態であり、逆にストーリーテリングはあるテーマ・考えを伝えるもっともリッチでストーリー性の強いプレゼンテーション形態です。だからこそ、魅力的なプレゼンテーションをつくるために、この2つの思考を組み合わせることが可能なのです。

本書では、オーディエンスが感動するほどドラマチックなプレゼンテーションができる方法をお伝えしていきます。

ドラマチック・プレゼンテーションのフレームワーク

では、どのようにドラマチック・プレゼンテーションをつくり上げていくのか

ドラマチック・プレゼンテーションのフレームワーク

	マーケティング思考	ストーリーテラー思考
STEP 1 （目的）プレゼンテーションのベースをつくる	コンセプトを開発する	ストーリーを構築する
STEP 2 （目的）プレゼンテーションを制作する	コミュニケーションをプランニングする	ストーリーを豊かにする
STEP 3 （目的）プレゼンテーションの完成度を上げる	インパクトを強化する	ドラマチックに仕上げる

を、説明していきましょう。
この図はドラマチック・プレゼンテーションのフレームワークを示したものです。プレゼンテーションを仕上げていくためには、ステップ1からステップ3までをそれぞれ検討する必要があります。

ステップ1は、**プレゼンテーションのベースをつくる**ステージです。ステップ1の前半はプレゼンテーションの**コンセプトを開発する**ことです。マーケティングの基本となるコンセプト開発の手法をプレゼンテーションの制作に応用することで、自分が伝えたいアイデアを研ぎ澄まし、洗練させます。これは第2章で解説していきます。

そして**ステップ1**の後半は、ストーリーテラーの思考を使って、プレゼンテーションに有効な**ストーリーを構築**していきます。映画やテレビドラマなど複雑な物語ではストーリーは20近くのパターンに分かれますが、プレゼンテーションに関しては、実は非常にシンプルです。ストーリーのひな型をプレゼンテーションに応用することで、わかりやすいストーリーラインをめざします。これは第3章で解説します。

ステップ2は、**プレゼンテーションを制作する**ステージです。マーケティングの手法を使って、**コミュニケーションをプランニングする**ことからはじめていきます。自分が伝えたいことをシンプルに話すだけではオーディエンスの理解を勝ち取ることができません。オーディエンスの属性をきちんと見定め、誰に・何を・どの順序で伝えるかというコミュニケーションをプランニングします。これは第4章で解説していきます。

そして**ステップ2**の後半は、ストーリーテラーの思考を使って、プレゼンテーションの**ストーリーを豊かに**していきます。そのために重要な5つのルールを確認しましょう。映画やテレビドラマで人を魅了するためには、守るべきルールがいくつかありますが、その中でプレゼンテーションに応用できるものに焦点を当てて、どのように使っていけばよいかを説明します。これは第5章で解説します。

そして最後の**ステップ3**は、**プレゼンテーションの完成度を上げる**ステージです。マーケティングとストーリーテラーの両方の思考を活用して、プレゼンテーションをより良いものに仕上げることを考えましょう。短い時間でアイデアを伝えるマーケティングの手法を使って、**インパクトを強化する**ことを検討します。これは第6章で解説します。

また、感動を強める物語をストーリーテラーの手法を応用して、プレゼンテーションを**よりドラマチックに仕上げて**いきましょう。ストーリーテラーが使う方法の中でもプレゼンテーションに有効な4つのことを説明していきます。これが第7章です。

プレゼンテーションをつくり上げるフレームワークは以上ですが、最後に第

8章で、**ドラマチック・プレゼンテーションを成功させる、もっとも大事な2つのキーワード**に焦点を当てて、少し詳しく解説していきます。

それでは、次の章から、具体的なドラマチック・プレゼンテーションづくりのプロセスを説明していきます。

第
2
章

コンセプトを開発して
アイデアを研ぎ澄ます

マーケティングの手法で自分のアイデアを研ぎ澄ます

プレゼンテーションでは「**自分のアイデアをいかにわかりやすく伝えるか**」が非常に重要です。自分の主張が明確でなければ、そもそもプレゼンテーションがはじまりません。

この点が映画やテレビドラマなどの物語とは決定的に違うところです。物語の場合は、物語そのものを楽しむことが目的であり、作者のメッセージがわかりやすくダイレクトに明示されていないこともしばしばあります。

映画やドラマを見終わって、余韻に浸ってストーリーを反芻しながら、「作者が伝えたかったのはこのことかな。そういえばあの時のヒロインは笑ってなかったな」などと考えることも少なくないでしょう。だから、映画やテレビドラマなど物語の場合は物語自体がおもしろければ、伝えたいメッセージをわかりやすくしなくても良いわけです。

しかし、プレゼンテーションの場合は自分の主張を理解してもらい、同意してもらわなければなりません。自分のアイデアを伝えることが目的ですから、「何を提案しているのかわからなかったけど、プレゼンテーションはおもしろかった」では本末転倒なわけです。

そのため、プレゼンテーションをつくる最初の一歩として、「自分の伝えたいことを研ぎ澄ますこと」が重要になってくるのです。

自分が伝えたいことを研ぎ澄ますために参考になるのが、マーケティングの手法です。なぜかというと、マーケティング活動の起点はつねに「**もっとも大事なアイデア・メッセージは何か?**」を問い詰める作業だからです。

有名タレントを使ったテレビ広告も、インパクトのあるターミナル駅のデジタル広告も、朝の情報番組で取り上げられる派手なプロモーションイベントも、非常にお金のかかる活動です。常に、かかったお金に対してどの程度の効果があったかがレビューされています。

ですから、マーケティング活動の実施前には、少しでも費用対効果を良くするために、徹底的に「もっとも大事なアイデア」「もっとも大事なメッセージ」が検討されるのです。そして、このマーケティング活動の大事な最初の一歩が「**コンセプトをつくる**」ことなのです。

本章では、この「コンセプトをつくる」というマーケティング手法を、どのようにプレゼンテーションに応用できるのかについて解説していきます。

コンセプトとは何か

マーケティング活動のもっとも大事な起点である「**コンセプト**」、これは何でしょうか。マーケティング用語のコンセプトとは、「**誰でもわかる明瞭かつ短い**

言葉で、その商品・サービスの本質を表現したもの」です。

たとえば、緑茶の綾鷹の場合、「旨みがしっかりありながら後味がすっきりした、急須で淹れたて一杯目のお茶」がコンセプトでしょう。アウトドア用品のパタゴニアのブランド・コンセプトは「故郷である地球を救うためにビジネスを行うブランド」というものになります。

いったんコンセプトができると、このコンセプトがマーケティングのすべての活動のよりどころとなります。すべての活動がこのコンセプトを体現するように設計されるのです。

たとえば、広告案やプロモーション案を選ぶ際には、このコンセプトをよりどころとして検討されますし、新製品や新サービスを開発する場合には、このコンセプトをよりどころとしてネーミングやパッケージデザインが検討されるのです。

コンセプトに記載する要素がすべての企業で一致しているわけではありませ

んが、現在の一般的なマーケティングのコンセプトにおいては、もっとも利用されているフォーマットがあります。このマーケティングのコンセプトを使って整理するということが、「自分のアイデアを研ぎ澄ます」のに、非常に有効なのです。

それでは、次に紹介するプレゼンテーションのコンセプトを使って、伝えたいアイデアや主張を整理してみましょう。

コンセプトをつくる

プレゼンテーションのコンセプトは**4つの要素から構成**されています。**オーディエンス**（audience）、**メッセージ**（**m**essage）、**差別点**（**p**oint of difference）、**トーン&マナー**（tone & **m**anner）です。それぞれの英語の1文字を取って「**ampm**」と覚えてください。

プレゼンテーションのコンセプト【ampm】

1 → オーディエンス **a** : audience

2 → メッセージ **m** : message

3 → 差別点 **p** : point of difference

4 → トーン&マナー **m** : tone & manner

では、プレゼンテーションのコンセプト「ａｍｐｍ」について詳しくみていきましょう。

a：オーディエンス（audience）を考える

コンセプトの最初のaは**audience／オーディエンス**、つまり「**このプレゼンテーションの聞き手は誰か？**」を明確にすることです。

なぜかといえば、オーディエンスが

誰かによって、伝えるべきメッセージやストーリーが大きく変わるからです。

特に、今回のオーディエンスは、自分がプレゼンテーションしようとしているトピックに関して、どの程度興味がある人たちなのか、どの程度知識がある人たちなのか、しっかり見定める必要があります。

たとえば、社内で新商品開発の提案をするとしましょう。ファイナンスの担当役員に提案するのであれば、商品の利益構造や市場の大きさ、想定されるビジネス規模などの情報は丁寧かつ詳細に説明したほうがいいですが、競合する商品との特長やターゲットの違いなどは比較的さらっと説明してもいいかもしれません。

一方、その商品を担当する部門の担当役員に提案するのであれば、競合商品との特長やターゲットの違い、お客様やお取引先からのニーズ、売り場・売り方の計画などの情報を詳細にして、利益構造の情報はさらっとしたものでよいかもしれません。

このようにオーディエンスの興味や知識の度合によって、伝える内容は変わってくるのです。

私も大学院でマーケティング思考の講義を行っていますが、参加者にどの程度マーケティング経験者が含まれているかは、必ず確認します。マーケティング経験者が少ない場合は、マーケティングの基礎的なことを説明するところからはじめますし、逆に日頃マーケティング業務に携わっている人が多ければ、基礎的なところはさらっとした説明で終えて、すぐにその先に進めています。

また、参加者の性別や年齢の偏りなども確認しています。マーケティングや広告の具体例を説明する際に、私の世代では一世を風靡してよく知っている商品・サービスやスポーツのチームなどでも、若い世代では知らないものがあったり、男女で認知に大きな差があったりします。なので、参加者の構成によって、説明に使う具体例を変えることがよくあります。

社内のプレゼンテーションや、すでに面識のある特定のクライアントへのプレゼンテーションばかりが多いと、つい忘れてしまいがちですが、オーディエンスの年齢層や興味・関心をきちんと把握することで、伝える内容の構成や適切な事例を変更して、プレゼンテーションの質を高めることができるのです。

m：伝えたいメッセージ（message）を吟味する

次の**m**は**message／メッセージ**、「**伝えたいことは何か？**」の確認です。特に、プレゼンテーションで**伝えたいことのなかで、「一番大事なことは何か？」**を考え、短いテキストにしてみましょう。最初は箇条書きにするなど、どのような形式でもかまいません。

たとえば、子ども向けの新商品を説明するプレゼンテーションをつくる場合のメッセージなら、一番伝えたいことは、その商品の最大の特長である「遊んでいるだけで英語が学べる未就学児向けのおもちゃ」というような、簡単な20〜30文字程度の説明でも良いでしょう。

あるいは、「未就学児向けの学習おもちゃ」というタイトルとともに、「①遊びながら英語が学べる　②スペルの学習もリスニングの学習もできる　③かわいい〇〇〇キャラクターと一緒に学べる　④全部で３００の単語とフレーズ」などと、この商品のいくつかの大きな特長を箇条書きにしても良いと思います。

モノやサービスなどのプレゼンテーションでは、このようなかたちで特長を挙げて、短いテキストに落とし込んでいくと自然にまとまると思います。

では、モノやサービスではない場合のメッセージはどうなるでしょうか。たとえば、ダイバーシティを高める戦略を提案するとしましょう。その場合のメッセージは活動の柱となることを中心に、「近年のダイバーシティの重要性を鑑《かんが》み、①社内にダイバーシティを啓蒙するバーチャル組織をつくる、②半年に１回社内で啓蒙イベントを行う、③この活動を対外的にもＰＲし、人事採用戦略をサポートする」などと、文章のかたちでまとめてみるのがいいと思います。

あるいは、ある事業部の目標を説明するなら、「今年は、３つの既存商品と１つの大型新商品を投入することにより、売上○○○億円、利益○○億円を達成する」といった文章になるかもしれません。

モノやサービスのプレゼンテーションではない場合は、このように短いテキストではなく、やや長めの文章になることが多いと思います。

自分が心血を注いで考えた新商品や新しい戦略であれば、いろいろ伝えたいことがあり、一番大事なことに絞るのは難しいと思う方もいるかもしれません。しかし、どんなに複雑な提案であっても、ここは心を鬼にして、できるだけシンプルにまとめてみてください。

たくさんある伝えたいことのなかで、本当に伝えたいと思う一番大事なことが何かを確認することが、非常に重要です。一番大事なメッセージを中心にしてプレゼンテーションを組み立てていくことになりますから、これが**プレゼンテーションの中心核**なのです。ここがぼんやりしていると、プレゼンテーション全体がぼやけてしまいます。

いったん自分が一番伝えたいことを、メッセージの形式にしたら、今度はその「**自分が伝えたいメッセージがオーディエンスに刺さる内容となっているか？**」を確認します。

自分が伝えたいメッセージとオーディエンスの興味・関心は同じではありません。自分は伝えたいと思っていても、オーディエンスがすでに知っていることだったり、オーディエンスには専門的すぎたりする場合もあるかもしれません。なので、必ず伝えたいメッセージとオーディエンスとのマッチングを確認してください。

このことを私の大学院の授業を例に説明してみましょう。私は大学院の授業では、応用できる「マーケティング思考」というものを教えています。この授業の「メッセージ」は、「マーケティングで学ぶ考え方や発想法は、実はビジネスのほかの分野でもいろいろ応用できます」というものになります。この授業の「オーディエンス」は、10年程度の仕事経験がある社会人で、8割以上の人がマーケティング以外の分野で活躍しています。

ですから、このメッセージは、オーディエンスである現在の大学院の学生とは相性がいいのです。もしもオーディエンスの8割以上がマーケティングを仕事にしている社会人、あるいは就業経験のない大学生の場合には、このメッセージはあまり有効ではないでしょう。

すなわち、前者の場合には「より専門的で有効なマーケティング手法を教えます」、後者の場合には「マーケティングの基礎知識と素晴らしいマーケティングの世界を教えます」といったメッセージ（そして授業内容）のほうが相性がいいはずです。

p：これまでの主張との差別点（point of difference）は何か

pは**point of difference／差別点**です。この言葉はマーケティングではよく使われる言葉で、「ライバルとなる既存の商品・サービスと比較したときに、自社の商品・サービスのほうが優《まさ》っている差別ポイント」のことです。ですから、プレゼンテーションのコンセプトにおける**point of difference／差別点**は、**「比較対象に対する、自分のアイデアの優位な差別点や特長」**になります。

マーケティングにおいて、なぜこの言葉がよく使われるのかというと、この「差別化された特長」が、マーケティング活動の根幹をなす大事な要素だからです。

世の中にはたくさんの選択肢があり、そのなかで自分たちが提案する商品・サービスを選んでもらうための活動がマーケティングです。ですから、マーケティングの活動においては、常に「その商品・サービスは、競合する商品・サービスと比べて、何がどう違うのか」を念頭において活動する必要があるのです。

違いに関しても1つ注意事項があります。それは、「**お客様にとって、価値のある違いでなければ意味がない**」ということです。ですから、お客様からは評価されない競合との違いは、差別点（point of difference）には入れません。

たとえば、コンビニで飲料の売り場を見てください。お茶類の棚には、お～いお茶、綾鷹、伊右衛門といった大手メーカーの商品から、そのチェーン店だけでしか売っていないオリジナル商品までたくさん並んでいます。

このうち、チェーン店だけのオリジナル商品は、大手メーカーのお茶に比べると通常20～30円安く売られています。これらのオリジナル商品は、「おいしさは大手メーカーの商品と同じで、広告宣伝にお金をかけない分だけ値段が安い」

という差別点をもった商品です。

もっと安い原材料を使えばさらに安い商品もつくれるはずですが、「味を犠牲にするが、値段が大幅に安い」という差別点ではコンビニのお客様に「価値ある差別点」とならないため、そのような商品は販売されないわけです。

プレゼンテーションにおける差別点も考え方は同様です。大事な点ですので少し丁寧に説明します。プレゼンテーションにおける差別点を考えるときには、これまで説明した「差別化された特長」や「価値ある差別点」が自分のアイデアにあることをきちんと確認するために、次の3つを必ず検討してください。

1つめの検討事項は**比較対象**です。たと

差別点を考える際に検討すること

1. 比較対象を明確にする
2. オーディエンスにとって価値ある差別点か検討する
3. オーディエンスにとって新規性があるか検討する

えば、新製品開発の提案をする場合、そのアイデアの比較対象は、競合企業のライバル商品なのか、既存の自社製品なのか、あるいは、それ以前に提案したアイデアなのかといったことを検討するのです。比較対象が変われば、当然、差別点として強調するポイントが変わってきます。

2つめは、**オーディエンスにとって価値があるか**、ということです。マーケティングにおけるお客様は、プレゼンテーションにおいてはオーディエンスになります。ですから、オーディエンスが価値がある・おもしろいと思える差別点でないとだめということになります。お客様に価値がない差別点では商品が売れないのと同様に、オーディエンスにとって価値や興味のない差別点では、最後までプレゼンテーションを聞いてもらえません。

そして3つめは、その差別点が**オーディエンスにとって新規性があるか**、ということです。価値ある差別点であっても、オーディエンスがすでに知っていることなら、プレゼンテーションを聞きたいというモチベーションは大幅にそがれることになります。

プレゼンテーションをきちんと聞いてもらうためには、興味・価値があることに加え、何らかの新しさがあることが重要なのです。ですから、プレゼンテーションを聞くオーディエンスにとって**新しい差別点**でなければ、プレゼンテーションの差別点としては意味をなさないことになります。

この新規性についても、比較対象が変われば、当然変わってきます。競合商品が比較対象なら新しい機能ということになるでしょうし、以前のプレゼンテーションが比較対象なら、今回新たに考えた変更点が新規の差別点となります。

以上の3つをきちんと検討して、差別点をコンセプトに明記することで、プレゼンター自身がよりはっきりと「比較対象に対する、自分のアイデアの優位な差別点や特長」を認識することができるようになります。

m：どういうトーン&マナー（tone & manner）で伝えるか

そして最後の**m**はtone & manner／トーン&マナーのmです。トーン&マナーとは、もとはデザイン用語で、「さまざまなツールやブランドの**デザイン上の統一感を図るためのルールやスタイル、テイスト**」のことです。

このことをブランドのロゴを使って説明してみましょう。先進的なイメージを強調したいと思う場合は、歴史や重みを感じるデザインよりは、モダンな感じのデザインにしていきます。ブランド名・企業名に使うフォントはスッキリしてシャープな印象を持つもの、そしてクールで知的な感じのする色をブランド・カラーに選ぶといったことです。

実際のブランドの例でいえば、Tiffanyなら、あの有名なブランドカラーの「ティファニーブルー」が想起されます。Tiffanyの場合、ジュエリーケース、パッケージ、紙袋、広告、店舗デザインなどが、すべてこの色で統一されています。上品で高級感があり、落ち着きがあるのに個性的であり、文字のフォントもこれに合うようにすべて計算されて統一されています。Tiffany はブランドの価値をきちんと伝える、トーン&マナーの好例です。

ブランドを構築するためにはこのようなデザインの「統一感」は非常に重要だとわかるようになってから、トーン&マナーという言葉はマーケティングでも頻繁に使われるようになりました。そして今では、この言葉は単に「デザインの統一感」だけを意味するのでなく、「コミュニケーション全体の統一感」を図ることを指すようになっています。

たとえば、親しみや優しさを感じさせるブランドをつくるのであれば、デザイン上で優しい感じ・温かみのある感じに統一するだけでなく、テレビ広告やプロモーションのメッセージでも強い言い切り調ではなく、友達に話しかけるような口調でメッセージを伝える、といったことも求められます。

プレゼンテーションのコンセプトにおけるトーン&マナーも、マーケティングで使われているのと同じように、「**コミュニケーションの統一感**」のことを指しています。つまり、「**自分が伝えたい内容（メッセージ、差別点）を、オーディエンスに対して、どういうスタイル（口調、雰囲気、資料のデザイン、プレゼンターの服装など）で伝えるか？**」ということです。

たとえば、オーディエンスと伝えたい内容を考えて、「プレゼンテーション全体を『です、ます調』でそろえる」とか、「プレゼンテーションで使用する文章はすべて問いかけにして、その答えは口頭でしか伝えない」とか、「資料はビジュアルと数字だけにして、文字を一切使わない」とか、「一方的に説明するプレゼンテーションではなく、オーディエンスと対話しながら進めるプレゼンテーションにする」といったことが挙げられます。

なぜこのトーン&マナーが大事かというと、同じメッセージであってもこのわずかな違いによって、オーディエンスは「これは自分に向けられたものだ」「これは自分に向けられたものではない」と、勝手に判断してしまうからなのです。

近年は携帯電話、ＳＮＳ、そしてネット上の無料の情報サイトの普及に伴い、デジタル広告に触れる頻度が増えました。これにより自分が知りたいと思うレベルよりはるかに多くのメッセージに接することになっています。その結果、若い世代ほどコミュニケーションのトーン＆マナーの違いを短時間で判断し、「この情報は自分向け」「この情報は自分向けではない」とすぐに選別してしまう傾向が強くなりました。

広告や宣伝ほど厳しくはありませんが、プレゼンテーションをつくる場合も、それがターゲットに響くトーン＆マナーになっているかどうかを、きちんと確認する必要が出てきているのです。

a、m、p、mの4つの要素のマッチングを確認する

いったん、a、m、p、m（オーディエンス、メッセージ、差別点、トーン&マナー）の4つの要素を書き出す、あるいは確認・検討することができたら、この4つの要素がうまく連携が取れているかを最終確認してみましょう。そのことを示したのがこの図です。

① オーディエンスとメッセージ（aとm）のマッチング

「自分が伝えたいメッセージが独りよがりになっておらず、ちゃんとオーディエンスも興味・関心を持ってくれる内容となっているか」の確認です。オーディエンスの興味・関心ごととはずれていると感じたのであれば、「自分の伝えたいメッセージ」を修正する必要があります。

コンセプト要素間のマッチングの確認

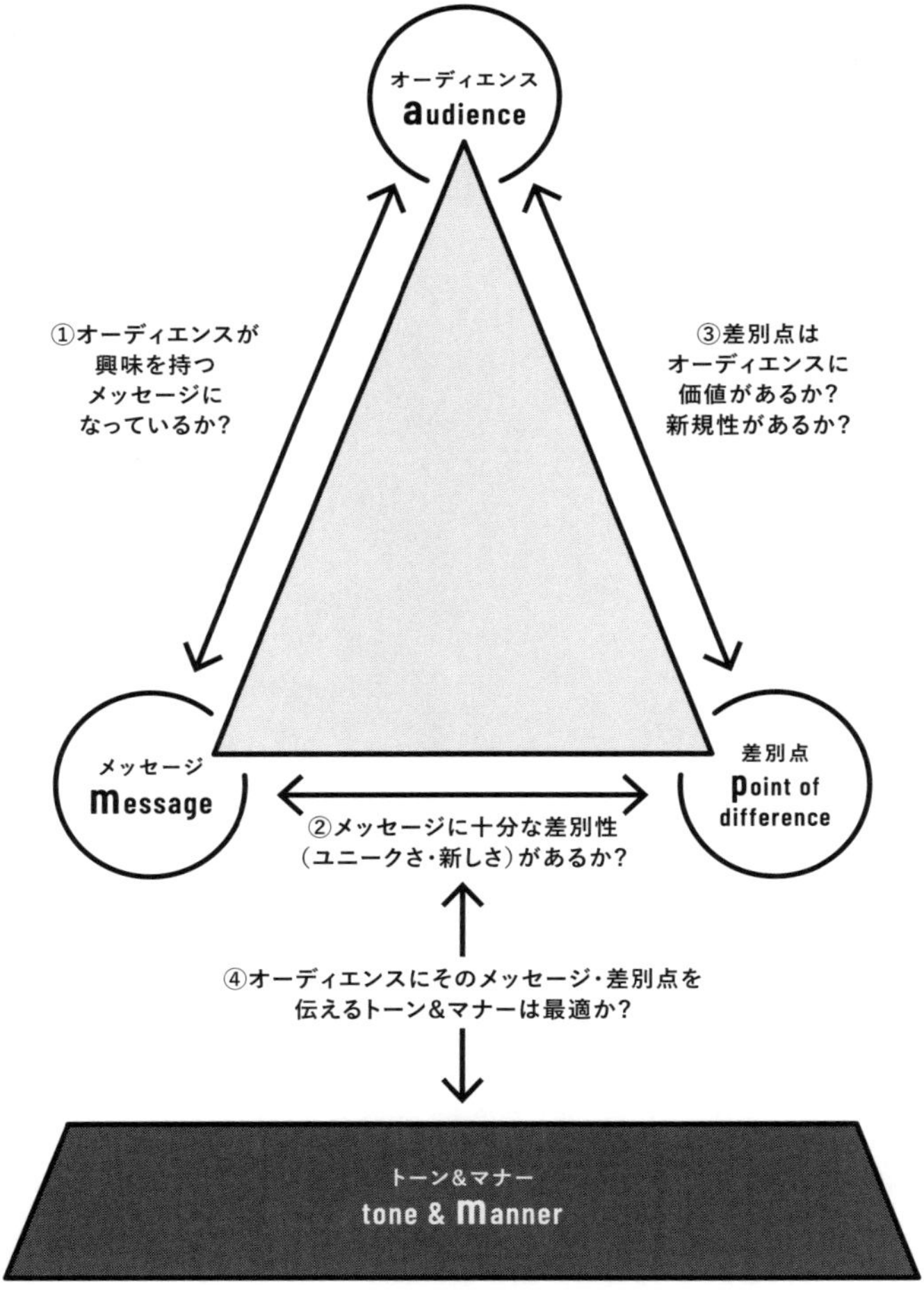

②メッセージと差別点（mとp）のマッチング

「そのメッセージは、比較対象に対して、明確な差別点を持っているか」の確認です。比較対象を明確にし、その比較対象に対して、新しいユニークな差別点があることを確認しましょう。比較対象は以前行われたプレゼンテーションだったり、既存の競合製品だったり、既知の「一般常識」だったりします。比較対象が違えば、強調する差別点・メッセージも変わりますから、きちんと確認してください。

③オーディエンスと差別点（aとp）のマッチング

ここでの確認事項は、「オーディエンスにとってその差別点は価値があるか」そして「オーディエンスにとって新規性があるか」の2つです。比較対象とは違うユニークなメッセージであっても、オーディエンスにとって興味や価値がなかったり、新しい情報でなかったりすると、プレゼンテーションへの興味が大きくそがれてしまいます。そのユニークな差別点がオーディエンスにきちんとマッチするものかどうかを確認しましょう。

④ トーン&マナーと「オーディエンス・メッセージ・差別点」（mとa・m・p）のマッチング

最後の確認事項は、トーン&マナーとそれ以外の3つの要素とのマッチングの確認です。すなわち、「オーディエンスにそのメッセージ・差別点を伝えるプレゼンテーションとして、今考えているトーン&マナーは最適か」をチェックしましょう。

これらの4つの要素は独立していながら、それぞれ密接に関連しています。いったんそれぞれの要素を整理してコンセプトをつくり、そのあと**要素間で連携がとれているか**を最終確認します。4つの要素をきちんと簡潔に書き出すことができ、要素間のマッチングも申し分がなければ、プレゼンテーションで伝えたいアイデアは、シンプルで明確なコンセプトをもつ、研ぎ澄まされたものになっているはずです。

第3章

ストーリーを構築する

ストーリーの構成

マーケティング思考を使ってコンセプトを完成することができたら、次はストーリーテラーの思考を使ったストーリーの構成です。

プレゼンテーションをつくるうえで、スタートから終わりまでどのように話を組み立てればいいのかと、毎回、頭を悩ませる方もいるのではないでしょうか。でも実は、プレゼンテーションで使うストーリーの構成のバリエーションは多くありません。**たった1つのストーリーライン（物語の大きな流れ）を覚えればよい**のです。あとはどうそれを応用すればいいかだけなのです。

では、ドラマチック・プレゼンテーションをつくるためのたった1つのストーリーラインはどのような構成なのでしょうか。それがこの図です。

基本的には4つの章立てで構成されています。

ドラマチック・プレゼンテーションのストーリー構成

①ようこそプレゼンへ

↓

②悩ましい問題

↓

③秘密のアイデア

↓

④明るい未来

①ようこそプレゼンへ
②悩ましい問題
③秘密のアイデア
④明るい未来

この4つの要素で構成されるストーリーラインが基本になります。まずは大まかに全体の流れを見ていきましょう。

①「ようこそプレゼンへ」は、プレゼンテーションの導入部分です。プ

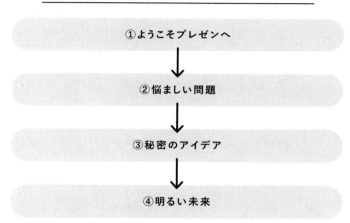

レゼンテーションという「物語」にオーディエンスを引き込み、問題を説明するまでの地ならしを行います。

次の②「悩ましい問題」で、今解かなければいけない問題を提示し、プレゼンターとオーディエンスで問題を共有します。

そして③「秘密のアイデア」で、その問題を解決するアイデア＝今回伝えたい主張を説明します。ここがプレゼンテーションの核であり、ここにもっとも時間や紙面を割くことになります。

最後の④「明るい未来」で、提示したアイデアを使って問題が解決した場合の将来像やメリットなどを説明して、プレゼンテーションを締めくくります。プレゼンテーションではこのパートも比較的ボリュームを持たせることになります。

プレゼンテーションのことを学んだ方のなかには、「ようこそプレゼンへ」という導入部と「明るい未来」というエンディングをつけるという構成にびっくりされた方もいるでしょう。「問題の提示（＝悩ましい問題）と解決案（＝秘密のアイデア）さえあれば、プレゼンテーションは成立するのではないか？」と思われたかもしれません。

たしかに、状況によりこの2つのパートだけで構成するプレゼンテーションも成立します。それは、聞き手がその問題に対してプレゼンターと同じだけ十分な知識と興味を持っていることが前提です。

ただし、問題の提示と解決案だけでは、余裕のないシンプルなプレゼンテーションになりますから、オーディエンスをワクワクさせる魅力的なプレゼンテーションにするのは非常に難しいでしょう。

これまでの経験でこのようなことがわかっているので、ドラマチック・プレゼンテーションでは、「ようこそプレゼンへ」という導入部分と「明るい未来」というエンディングをつけたストーリーを提案しているのです。

この4つの構成は映画やテレビドラマでも利用されるものですので、まずは映画『ダイ・ハード』を例にとって映画ではどう使われているかを確認し、そのあとでプレゼンテーションにどう応用するかを見ていきましょう。

■ ①ようこそプレゼンへ（＝物語のはじまり）

クリスマス・イブ、主人公のニューヨーク市警の刑事ジョン・マクレーンがロサンゼルスに住む別居中の妻に会いに行く。キャリアウーマンの妻の勤め先は超高層ビル。マクレーン刑事はパーティー中の妻と久しぶりに会うが、つい口論になって……。これが、①物語のはじまりです。

■ ②悩ましい問題（＝問題／事件の発生）

マクレーン刑事がパーティー会場を離れたとたん、ビルがテロリストたちに占拠され、妻も人質になってしまう。マクレーン刑事はビルのなかに残り、テロリストとたった一人で戦うはめになる。果たしてマクレーン刑事はテロリストを退治できるのか、妻を含めた人質たちを救出できるのか。

■ ③秘密のアイデア（＝物語の展開とクライマックス）

社外からのあらゆる救出作戦がすべて失敗し、マクレーンはたった一人で次第にテロリストたちに追い込まれ絶体絶命のピンチを迎える。そして、機転の利いたアイデアで見事にテロリストを退治し、妻の救出に成功する。この要素は、物語では「物語の展開とクライマックス」ですが、プレゼンテーションでは「秘密のアイデア」になります。

■ ④ 明るい未来（＝エンディング）

たった一人の自分を支えてくれたトランシーバーの話し相手、パウエル巡査と対面し熱い気持ちになる。そして、喧嘩をして関係が冷えていた妻との愛は深まり、これまで以上に仲良くなって、何もなかったかのような日常を取り戻す。

このようにこの4つの章立ては、ストーリーテリングの基本であり、映画やテレビドラマでも使われる基本構成なのです。

それでは、この構成をどのようにプレゼンテーションで使うかを詳しく見ていくことにしましょう。

「ようこそプレゼンへ」の役割

プレゼンテーションの導入部分、「ようこそプレゼンへ」の役割は、**オーディエンスをプレゼンテーションに誘う**ことです。

その具体的な狙いは次の3つです。

「ようこそプレゼンへ」の役割

1. 設定（状況）を説明し、共有する
2. オーディエンスの気持ちをつかむ（興味を持たせる）
3. 共感を得る

■ 設定（状況）を説明し、共有する

『ダイ・ハード』では、マクレーンが何者で、どんな状況にあるかが簡潔に伝えられていました。映画やテレビドラマでは、物語の時代・場所、主人公の性別・年齢、仕事、価値観などが描写されます。これから始まる物語の世

界観を伝えるのです。

　プレゼンテーションでも同様で、これから始まるプレゼンテーションのための、設定・状況を簡潔に説明し、プレゼンターとオーディエンスの理解のギャップを埋めるのが1つめの役割です。

　たとえば、企業の戦略や新商品の提案などの場合には、自社と競合の立ち位置（自社のマーケットシェアとか、自社のユーザー構成の特徴など）、自社の強みと弱み、その業界や市場のユニークな条件（法規制の強さ、中小企業が多く価格競争になりがちなど）といった、プレゼンテーションを始めるにあたって、知ってもらわなければならない情報を伝えるということです。

　原則、こうした情報の共有は必要なのですが、プレゼンターとオーディエンスに情報の格差がない場合、たとえば自社同部門内のプレゼンテーションなど、オーディエンスもすでに知っていることばかりであれば、この目的での説明はスキップしてかまいません。

情報の格差がない場合、設定をくどくどと説明しすぎると、肝心のプレゼンテーションが始まる前にオーディエンスが飽きてしまいます。それでは「心をつかむ」どころか、気持ちを離れさせてしまいます。なので、そういった場合は思い切って省略し、関連することで笑いをとるなど「オーディエンスの気持ちをつかむ」ことに注力する必要があります。

■ オーディエンスの気持ちをつかむ

テーマに関連するちょっとびっくりする事実を伝えたり、テーマに関連する質問を投げかけたりすることでプレゼンテーションのトピックに興味を持ってもらいます。

ただし、すでにオーディエンスが十分知っているトピックであれば、びっくりする事実や質問という手段が使えません。そういう場合は、「シズル・リール」

と呼ばれるインパクトのある映像を見せるなど、笑いや驚きを与え、オーディエンスの気持ちをつかみ、プレゼンテーションに引き込みます。

テーマについて興味を持ってもらうのと同様、プレゼンター（プレゼンテーションを行う人）にも興味を持ってもらう必要があります。

はじめてであれば簡単な自己紹介が必要でしょうし、既知であれば近況を伝えるなどのことを行います。笑いが取れるのであれば、笑いを取りましょう。人は笑うと心を開いてくれます。笑いがおこれば、その後は話を聞く気持ちになってくれます。

テーマに興味を持たせるという点では、ＮＨＫの教養番組『笑わない数学』という番組は非常に参考になります。この番組は、数学史上のさまざまな「未解決問題」をわかりやすく伝える番組なのですが、取り扱っているトピックが数学の最先端の難問だけに、導入部分をかなり工夫しています。この番組の場合、冒頭で「この問題、実は４００年間解かれていないんです」とか、「この定理、実はある有名な数学者が謎のまま残したものなんです」などと、ちょっと驚く情報を最初に伝えることで、視聴者の興味を引く構造になっているのです。

■ 共感を得る

プレゼンテーションがうまくいくかどうかは、実は「どの程度、プレゼンターに共感しているか」にかかっています。

テレビや冷蔵庫、ＰＣを買うときに、魅力的な販売員さんと出会い、その人がおすすめの商品を買ったり、反対に自分の聞きたいことにうまく答えてもらえず購入せずに帰ったりした経験はありませんか？「共感がプレゼンテーションを左右する」とはこのことなのです。

どんなにすばらしい解決案を出したところで、プレゼンターにまったく共感していなければ、「ほかにも解決案があるのではないか？」と、疑問を投げかけてしまう危険が出てきます。一方で共感を得ることができていれば、プレゼンテーションに多少抜けや漏れがあっても、悪いところよりもいいところに目をかけてくれます。「毎回必ず共感を得る」というのは難しいかもしれませんが、「共感を得られるとプレゼンテーションの成功確率が上がる」ことを理解し、常に共感を得ることを目指すことが大事です。

また、「ようこそプレゼンへ」のパートは、時間配分でいうと、**プレゼンテーションの1割程度**の時間にとどめましょう。プレゼンテーションの世界に誘うのが目的ですから、長すぎるのは禁物です。

「悩ましい問題」の役割

ストーリーの2番目の構成要素は「悩ましい問題」です。ここからはいよいよプレゼンテーションの核心に入ってきます。この「悩ましい問題」の役割は、**問題を提起すること**です。より具体的には、次の2つを伝えます。

「悩ましい問題」の役割

1. 解決すべき問題を提起する
2. 解決しなければならない理由を伝える

■ 解決すべき問題を「正しいかたち」で伝える

まずは**問題そのものを理解してもらわねばなりません**。なのでこのパートの役割は問題を提示することになります。さて、ここで質問です。プレゼンテーションにおける**「正しい問題」**とはどういうものだと思いますか？

「正しい問題」とは何かというと、きわめて逆説的ですが、「**プレゼンテーションの自分の主張が『正**

解』となる問いかけ」です。解決案である自分の主張に向けて、**オーディエンスを、上手に自分の考えた解決案にリードする問いかけを「悩ましい問題」というかたちで伝えておく**ということなのです。

たとえば、「遊びながら英語が学べる新しい子ども向けおもちゃ」という新商品を提案するとしましょう。このプレゼンテーションにおける問題提起は、「英語が学べるおもちゃ」が答えになるものになります。社内の企画会議であれば、「わが社が新たに開発すべきおもちゃはどんなものか？」になりますし、教育系のお取引先に採用してもらうのであれば、「どうすれば小さい子どもに英語を学ばせることができるか？」となります。これが「正しい問題」なのです。

あるいは、「自分の部門に1名、社員を追加補充してほしい」というプレゼンテーションの場合、正しい問題は「自分の部門は会社の平均（あるいは他部門）と比べ、どれだけ残業時間が多いのか？」といったことになるということです。

プレゼンテーションのなかで提起された問題は必ず解決されなければなりま

せん。ですから、「問題の提起」とは、現在のビジネス環境に存在するさまざまな問題をすべて提起することではありません。プレゼンテーションで解決案が提案できない問題は提示すべきではないのです。

問題の提起である**「悩ましい問題」と解決案の提案である「秘密のアイデア」は2つで1つのセットであり、「秘密のアイデア」を提案するために聞き手をそこにガイドするのが「悩ましい問題」**なのです。

なお、問題の提起は、必ずしもプレゼンテーションのなかで明示的に「我々は何をすべきなのか?」といった疑問符のついた伝え方をしなければいけないというものではありません。はっきりと問題を伝えるページをつくる場合も、プレゼンテーションの中身と文脈で問題を伝える場合もあります。

■ 解決しなければいけない理由を伝える

「悩ましい問題」のパートは、問題を提示するだけで終わりではありません。そのあとに、「なぜその問題を解決しなければならないのか？」を説明する必要があります。

まだしっかりとプレゼンテーションに興味を持ってくれている状態ではない初期の段階で、シンプルに問題提起をしても、それだけでは興味関心の弱めなオーディエンスは、簡単に気持ちが離れてしまう危険があります。

オーディエンスは、悩ましい問題を解決すべき理由がきちんと「腹落ち」すると、それ以降、プレゼンテーションにぐっと興味を持ってくれるようになります。

つまり、問題を理解するだけでなく、**解決しなければならない理由まで理解してくれると、その先のプレゼンテーション、特にその問題の答えである解決案＝自分の主張まで興味関心が持続されるようになる**のです。

逆に問題が伝わっても、解決しなければならない理由が十分に伝わらなかった場合はどうなるでしょうか。多くの場合、その提起された問題が重要だとは理解されず、解決案が軽んじられてしまいます。提案を真剣に聞いてもらえなければ、提案したものの、その先に進めないということになりかねません。

先ほどの「遊びながら英語が学べる新しい子ども向けおもちゃ」という新商品をお取引先にプレゼンテーションする例で考えてみましょう。

「どうすれば小さい子どもに英語を学ばせることができるか？」というのが問題提起でしたね。解決しなければいけない理由が不明な場合、この問題を提起されたところで、『「どうすれば小さい子に本を読ませることができるか？」』のほうが重要ではないか」「大人のほうが英語を学びたいと考えているのではないか」など、お取引先の考えが揺れ動いてしまう可能性があるのです。

これに対して、問題提起ののちに、「子どもに早いうちから英語を学ばせたいと思っている親の数がきわめて多いこと」とか、「子ども向け英語スクールのニーズがここ数年で大きく拡大している」といった情報を伝え、この問題を解く価値があることを伝えると、解決案までしっかりとプレゼンテーションを聞いてくれるようになるのです。

ここでストーリーづくりの前提となっている映画やテレビドラマについてもちょっとだけ考えてみましょう。

映画やテレビドラマでも、悩ましい問題の発生は非常に重要で、ここをきっかけに物語は大きく動き始めます。いわば物語の起点となるところです。多くの場合、穏やかな生活をしていた主人公が、あるきっかけから重大な問題に巻き込まれ、その問題を解決しなければならない状況に追い込まれます。

映画『スター・ウォーズ』の場合、主人公のルークはオビ＝ワン・ケノービとロボットたちを引き合わせたのち家に帰ってみると、育ての親の叔父夫婦は惨殺されており、自分も帝国軍のお尋ね者とされたことを知る。そしてオビ＝ワン・ケノービとともに、帝国軍の包囲網をかいくぐって、ロボットたちを反乱軍のお姫様のもとに届けるという難しい仕事に加わるのです。

ここでは、「帝国軍と敵対してロボットを届ける（そして敵を倒す）」という解決しなければならない問題が伝えられ、「育ての親が、残虐な帝国軍に殺された。そして彼らは、自分の命も狙っている。また、投降したところで殺されない可能性は低い」という、問題を解決しなければならない理由が説明されています。

問題を解決する以外にはルークの生きる道はないということが観客に理解されると、観客はルークの身になって「どうやって帝国軍の包囲網をかいくぐるのか？」とか「あの巨大戦艦から逃げ切ることができるのか？」など、物語に夢中になることができるのです。

テレビ通販の事例も考えてみましょう。たとえば、布団圧縮袋のテレビ通販番組です。番組の早い段階で、ＭＣの人が「ふだん使わない布団で押し入れがいっぱいになっていませんか？　コンパクトに収納できたら、もっといろいろなものを収納することができるのに。そんなふうに思ったことはありませんか？」と問いかけてきます。

このプレゼンテーションがすばらしいのは、問題提起と解決しなければならない理由をきちんと伝えることで、「問題の重要性」そのものを強化しているところです。そもそも「布団を押し入れにしまっておくこと」は多くの人にとって普通のことであり、この番組を見るまでは、「なんとかしなければ」などと思ったことがなかったはずです。

それに対して、「普段使わない来客用の布団や冬用の布団が、収納スペースを取りすぎている」ということが実は「問題」であると提示し、「布団がかさばるので収納スペースが有効に使えない（＝布団がコンパクトになればいろいろなものが収納できる）」と、解決しなければいけない理由を伝えることで、あらためて「普段あまり使わない布団をそのまま収納しておくこと」が問題であることを認識させているのです。

このように、解決しなければいけない理由をきちんと伝えることで、解決案＝自分の主張までプレゼンテーションに興味を持ってもらい、問題そのものの重要性に気づいてもらうのです。

なお、この「悩ましい問題」のパートは、**プレゼンテーション全体のなかでは、およそ4分の1程度の時間配分が理想的**です。これ以上長いと、冗長なプレゼンテーションというネガティブな印象を与えてしまいます。

「秘密のアイデア」はプレゼンテーションの核心

いよいよプレゼンテーションの核心、「秘密のアイデア」です。ここまでの説明ですでに触れていますが、**「秘密のアイデア」のパートの目的は、解決案である自分の主張を提案すること**です。このパートこそがプレゼンテーションのもっとも大事な部分であり、これまでの「ようこそプレゼンへ」と「悩ましい問題」はそのための前段にすぎません。

ですから、プレゼンテーション全体のなかで**「秘密のアイデア」のパートにもっとも多くの時間と資料の枚数を割く**ようにしましょう。そして当然ながら、このパートがプレゼンテーションのクライマックスにならなければなりません。プレゼンテーション全体のなかで、**もっともインパクトがあるものを「秘密のアイデア」のパートに用意するようにしましょう。**

また、先ほども説明しましたが、**「悩ましい問題」と「秘密のアイデア」は2つでワンセット**と考えてください。これはお笑いの「ボケ」と「ツッコミ」のようなものです。「ツッコミ」があることにより「ボケ」のおもしろさが強調され、わかりやすくなるように、「悩ましい問題」できちんと問題を理解させることができることにより、「秘密のアイデア」で提示される問題の解決案の重要性や革新性が強調できるのです。

この2つがワンセットだということが十分理解されず、片方が抜けてしまう場合があります。悩ましい問題が提起されずに、問題の解決案だけが説明された場合、解決案が十分理解されない、プレゼンターの独りよがりのプレゼンテーションになってしまいます。

その逆で悩ましい問題が提起だけされて、問題の解決案がないというプレゼンテーションもあります。たとえば、市場環境や競合の活動ばかりを網羅的に説明するようなプレゼンテーションです。こういった場合には、プレゼンテーションの意図が伝わらず、オーディエンスにもやもやとしたフラストレーショ

「秘密のアイデア」の役割

1. 驚きのある解決案を提案する
2. その解決案をおすすめする理由を伝える

ンだけが残り、「つまり、何が言いたいの？（So what?）」など厳しい質問を投げかけられてしまいます。

ですから、必ず問題提起と解決案の提示はワンセットと考えてください。

■ 解決案をすすめる理由を伝える

解決案を提示するだけでなく、なぜその解決案がすばらしいかという理由も伝えなければなりません。解決案は、新商品などのアイデアであれ、戦略であれ、きわめてシンプルに伝えられるものですが、なぜそのアイデアや戦略が問題の最善の解決案になっているかは、いくつかの側面からきちんと検証し、説明されなければわかりません。

すなわち、**提案する解決案が、きちんと問題を解決できる理由**と、いろいろある（かもしれない）解決案のうち、**提案したものが最善策である理由**の2

つを説明しなければならないのです。

ここでまた「遊びながら英語が学べる新しい子ども向けおもちゃ」を事例に考えてみましょう。先述と同様、このアイデアを取引先に採用してもらうという設定で、提起されたのは「どうすれば小さい子どもに英語を学ばせることができるか?」という問題です。

提案したアイデアがきちんと問題を解決できると説明しない場合は、「たしかに英語が学べるおもちゃかもしれないけど、このアイデアなら英語を使わなくても遊ぶことができるので、英語を学ぶことにならないのでは?」といった疑問が生まれてしまいます。ですから、提案したアイデアがきちんと「子どもたちが楽しく遊び、かつ遊びのなかで英語を学べる」理由を説明する必要があります。

また、提案したアイデアが最善策である理由を伝えなかった場合、「遊びながら英語が学べる新しい子ども向けおもちゃ」はもちろん、解決案になっていますが、これ以外のアイデア、たとえば「子どもが好きなキャラクターが登場する英語の動画」など、「別のアイデアでも解決できるのではないか」と考えられてしまう危険があります。

ですからどんな簡単な解決案の提案であっても、提案後に「解決できる理由」と「それが最善策である理由」の2つをきちんと説明すべきなのです。

■ 解決案であるアイデアに「秘密」という言葉を付けた意味

「悩ましい問題」と「解決案」をワンセットにして両方をきちんと説明すれば、プレゼンテーションとしては一応成立します。しかし、単純に解決案が提示されるだけでは、聞き手をワクワクさせることは非常に難しいでしょう。

聞き手をワクワクさせるドラマチックなプレゼンテーションにするためには、「悩ましい問題」を提起するときに、「この状況でこの問題を解決するのは、かなり難しそうだ」と思わせておいて、「え、そんな解決案があるの？」と驚かせ、「なるほど。確かにそのアイデアなら解決できそうだな」と納得してもらえる、**驚きのある「秘密」の解決案**を提示する必要があるのです。

ですからここで提示される解決案は、オーディエンスがすぐに思いつく「あたりまえの解決案」ではなく、オーディエンスが思いつくことができなかった「なるほど、と思える秘密の解決案」であるべきなのです。

経営学の泰斗《たいと》、一橋大学名誉教授の伊丹敬之《いたみひろゆき》先生と神戸大学名誉教授の吉原《よしはら》英樹《ひでき》先生の語る、「いい経営」の特徴というのがまさにこれに当たります。お2人は「いい企業経営」の特徴について、「聞いた瞬間には『そんな馬鹿な!』と感じる要素が含まれているが、きちんと説明を受けると『なるほど』と思える要素で構成されている」と説明されています。

魅力的な解決案もこれと同様です。プレゼンテーションで最初に提案したときには、多くのオーディエンスから「なにこれ?」とか「そんなことできるの?」「おもしろいけど無理なのでは?」と驚かれるが（すなわち「そんな馬鹿な!」

と思われるが)、きちんと理由を説明したのちは「なるほど!」と納得してもらえる解決案。それが普通の人が思いつかない「秘密のアイデア」なのです。

「明るい未来」がなぜ必要なのか

最後のパート、「明るい未来」はなぜ必要なのでしょうか。また「解決案」が無事説明できたのちに、そもそも何を話せばいいのでしょうか?

効率性を求めるプレゼンテーションでは省略されがちなこのエンディングのパートには、提案した**「解決案」の価値を実感してもらい、その提案・アイデアの採用を促す**という大事な役目があります。

ですから、提案した問題解決のアイデアが実施された場合の変化を説明し、「実行することによって、こんなすばらしい将来が訪れますよ」というところまで、きちんと伝える必要があります。これがドラマチック・プレゼンテーションの「締め」というわけです。

ここでまたテレビ通販の番組の例で考えてみましょう。布団をコンパクトに圧縮する収納袋のテレビ通販では、コンパクトになった布団を見せたところで番組を終わらせません。布団を入れた後も広々とした押し入れ、追加で収納できる家財、そしてきれいに片付いている部屋という「新しい現実」を見せる。そして、消費者の代表者やゲストのタレントさんなど何人かに体験してもらって、その効果を実感してもらい、感想を伝えて購入を促すのです。

「明るい未来」の役割

1. 解決案を実感してもらう
2. 解決案の採用をうながす

ドラマチック・プレゼンテーションの最後の部分を単純に「エンディング」と名付けずに、「明るい未来」としたのも、通販番組と同様の理由からです。

映画やテレビドラマの場合は、問題は解決したものの、主人公にとっては非常に辛い終わり方、すなわち「バッド・エンド」で終了する場合もあります。しかし、プレゼンテーションの場合は、終わりは必ず「ハッピー・エンド」なのです。問題を解決するアイデアを説明したのち、そのアイデアを納得して採用してもらう方向に話を進めなければなりません。ですから「解決案が実行されて訪れる未来」は、必ず「ハッピー」でなければならないのです。

外資系企業のプレゼンテーションの場合、アイデア実施後の「明るい未来」を見せるだけでなく、ダイレクトに解決案の採用を促す場合があります。その場合、最後に「Next Step」というページを見せます。

プレゼンテーションの中の「Next Step」とは、今後の進行スケジュールの主なマイルストーン（確認タイミング）のことです。プレゼンテーションで合意を取ったのち、オーディエンスが忘れることのないように、確認の意味で大事なマイルストーン、たとえば「何月何日までに提案」「何月何日までに承認」などの情報を記載したと書いたページを見せるのです。

この「Next Step」は、見せられた人が、この後とるべき行動の順序とスケジュールを具体的にイメージできる、非常に有効な方法です。外資系企業だけが用いる手法にしておくのはもったいないので、ぜひ活用してみてください。

もちろん、プレゼンテーションの結果、残念ながらその場では提案が通らなかった場合は、当然そのあとの行動とスケジュールはすべて変わってきますので、用意した「Next Step」は見せないということになります。

映画やテレビドラマでは、この明るい未来に相当する「エンディング」は全体のなかでは比較的短くまとめるものですが、プレゼンテーションの場合には、目的や提案したアイデアにもよりますが、総じてかなりしっかりと時間とページ数を使うことになります。

■ なぜ「空・雨・傘」ではだめなのか？

プレゼンテーションのストーリーの話をすると、最近「『空・雨・傘』ですよね」といわれることが多いので、この「空・雨・傘」についても、ひとこと言及しておきましょう。「空・雨・傘」とは、傘を持って出る行動を例に使った論理思考のフレームワークです。「空を見て（事実の確認）」「雨が降りそうだと判断し（解釈）」「傘を持っていこうと決める（結論）」という一連の流れを覚えやすくキーワード化したのが「空・雨・傘」です。

そして結論から言えば、**プレゼンテーションのストーリーとしては「空・雨・傘」ではダメ**です。「空・雨・傘」は思考のためのフレームワークとしては問題ありません。しかしプレゼンテーションのストーリーとしては不十分なのです。

私のプレゼンテーションのストーリーに当てはめるなら、空と雨は「空を見ると雨が降りそうです」という問題の提起であり、「なので傘を持っていきましょう」というのは解決案の提案になります。ですから「空・雨・傘」は問題提起と解決案だけのシンプルなストーリーということになります。

なぜこれでは不十分なのかというと、**プレゼンテーションの場合は、自分の思考を別の人に伝えることだから**なのです。

このことをわかりやすくするために、「空を見たら、日差しの強い晴天なので、日傘を持って行きましょう」という提案を東京の男性サラリーマンにプレゼンテーションする、いわば「空・晴天・日傘」の事例で考えてみましょう。

基本的な構造は右記の「空・雨・傘」とまったく同じであり、自分の思考のフレームワークとしては何も問題がありません。しかしプレゼンテーションとなると、導入部の「ようこそプレゼンへ」と最後の「明るい未来」がないため、問題が発生します。

「日差しの強い晴天の空」を見たサラリーマンが皆、必ず「日差しを心配する」

でしょうか？「晴天だから今日はビアガーデンに行こう」と思う人や、「汗をたくさんかきそうだ」と思う人も少なからずいるはずです。

つまりプレゼンテーションは、自分が思考するものではないので、必ず自分が伝えるテーマにオーディエンスを引き込まなければなりません。導入部がないと、このことに失敗する可能性が高いのです。

また、「日差しの強い晴天だから、日傘を持とう」というアイデアは、「雨が降りそうだから傘を持っていこう」のように単純ではなく、オーディエンスのすべてが何の迷いもなく賛成するものではありません。

そしてプレゼンテーションの多くは、オーディエンスにとっては新しい提案になります。だから自分が思考するように解決案の提案（結論）で終わらせるわけにはいきません。なぜその提案が良いのか、そしてその提案を受け入れたあとには「こんなメリットがある」という明るい未来を伝えることで、新しい提案を受け入れてもらうのです。

ですから、新しい自分のアイデアを、他人であるオーディエンスに伝えるプレゼンテーションでは、「問題提起」と「解決案」だけの提示ではなく、セットアップとなる導入部＝「ようこそプレゼンへ」と、提案採用を促す「明るい未来」が必要になるのです。

「空・雨・傘」は思考のフレームワークとしてはわかりやすくて、よくできたものです。もし「空・雨・傘」を利用するのであれば、まずはこのフレームワークで自分の考える「問題」と「解決案」を整理し、そののちプレゼンテーションのためのストーリーラインを加えていくのがいいと思います。

複雑な問題を伝えるストーリーライン

この章の最後に、1つのプレゼンテーションで複数の問題と複数の解決案を

複雑な問題を説明する場合のストーリーの構成

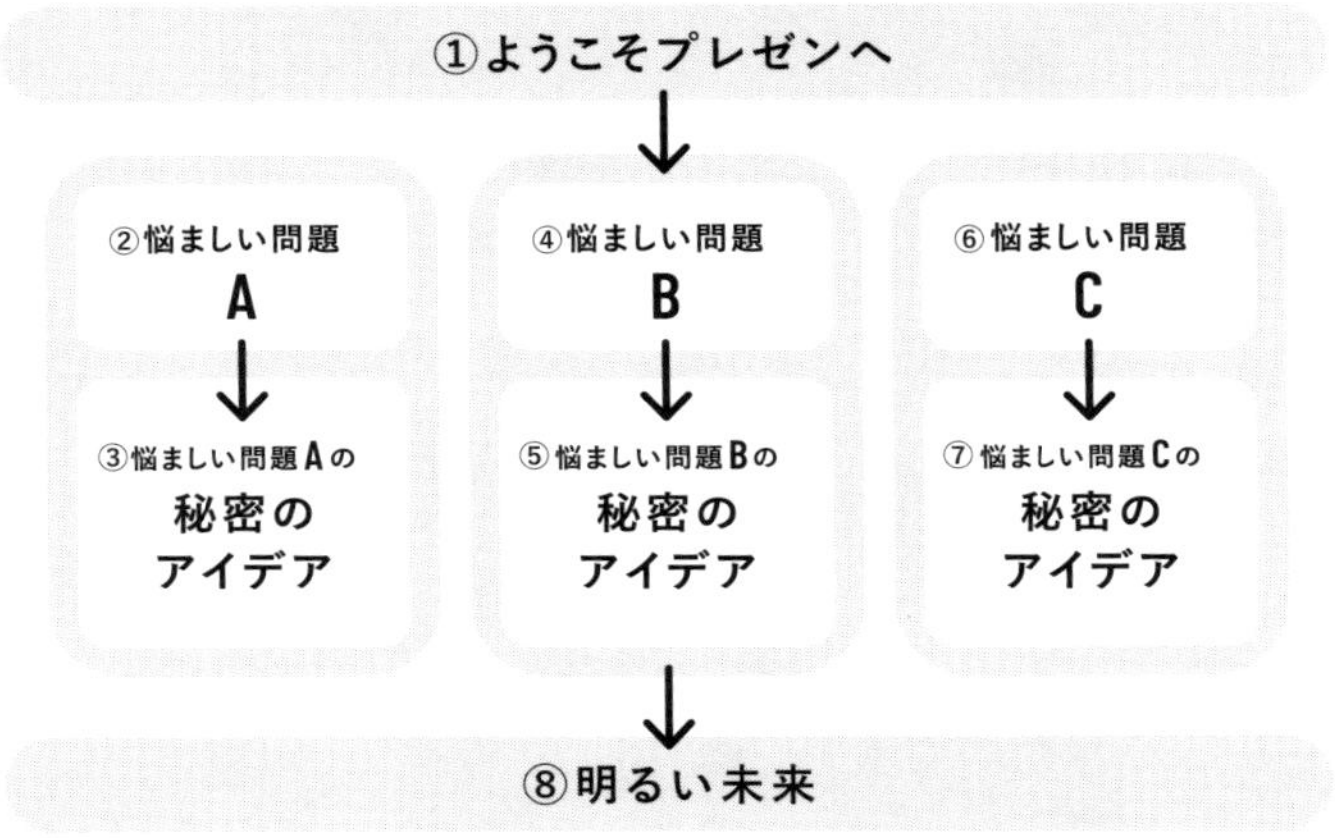

提案しなければならない場合を考えましょう。

たとえば、ある屋外のイベントを提案するとします。このプレゼンテーションでは、晴天の場合の実施場所、雨の場合の実施場所、そして雷や大雪など天候が大荒れの場合の実施を説明しなければいけないとなるはずです。このように内容が複雑な場合のストーリーラインは、この図のようになります。

つまり、

①ようこそプレゼンへ
②悩ましい問題A→③問題Aを解く秘密のアイデア
④悩ましい問題B→⑤問題Bを解く秘密のアイデア
⑥悩ましい問題C→⑦問題Cを解く秘密のアイデア
⑧明るい未来

となります。最初に「ようこそプレゼンへ」というはじまりのセッティングをしたのちは、**「悩ましい問題」と解決案である「秘密のアイデア」を、それぞれワンセットにして重ねていくという流れ**です。

この2つは、ボケとツッコミのように必ずワンセットで伝えるべきものですから、「問題」だけをまとめて提示したり、解決案だけをまとめて説明したりという流れはいけません。それをやってしまうと、どの問題に対してどれが解決案なのかが不明瞭となり、聞き手が混乱する可能性が高いからです。

「問題提示」とその「解決案」をワンセットでつなげることで、複雑な問題であっても、オーディエンスにとってわかりやすいストーリーを維持することができます。

参考までに映画やテレビドラマの場合についても、ちょっとだけ触れておきましょう。

複数の解決案を提示する必要がある物語の場合、**問題と解決案をワンセットにして重ねていくという構成は、ストーリーテリングにおける重要なルールの1つ**です。実はほとんどすべての映画で、このストーリーラインが使われています。

2時間前後の映画は、通常、「三幕構成」という構成でつくられていて、問題と解決が3セット重ねられています。導入部では主人公に期待を持たせるエピソード、続く2つ目のエピソードではだいたい主人公が困難な状況に陥り大きな犠牲を伴い、なんとか切り抜けます。そして手に汗握る最後の大きなエピソードが待っているという仕組みです。

もっともわかりやすい『スター・ウォーズ』で見てみましょう。オビ＝ワン・ケノービと現在の住処である惑星タトゥイーンを脱出するまでが、1つの問題と解決。そしてデス・スターに侵入しレイア姫を連れて脱出するところが、2つめの問題と解決。そして、戦闘機に搭乗しデス・スターを破壊するまでが3つめの問題と解決です。

映画は、このように2時間ずっと観客の興味を引くために問題と解決が1つだけでなく複数重なっています（なぜ三幕構成なのかは、とりあえず横に置いておきましょう）。

複雑なストーリーを語るこのストーリーテリングの手法をプレゼンテーショ

ンに応用することで、難しい問題も混乱させることなく、聞き手の興味を維持しつつ理解を促進させることができるのです。

第
4
章

コミュニケーションを
プランニングする

5つのプロセスでコミュニケーションをプランニングする

ステップ1の「プレゼンテーションのベース」ができ上がったら、ステップ2に進みましょう。次は「コミュニケーションのプランニング」です。

マーケティング活動では、効率的にメッセージを伝えるために、コミュニケーションの順序や活用するメディア（テレビ、新聞、雑誌、ＳＮＳなど）をプランニングします。なぜ、コミュニケーションの順序が重要かというと、わずかな情報でも反応してくれる熱心なお客様と、いろいろな情報が伝わらないと反応してもらえない関与度の低めなお客様がいるからです。また、お客様が変われば有効なコミュニケーションの手段も変わってきます。伝えたい相手によって活用するメディアを変えるわけです。

プレゼンテーションでも同様に、オーディエンスを深掘りするなど、コミュニ

コミュニケーションをプランニングする5つのプロセス

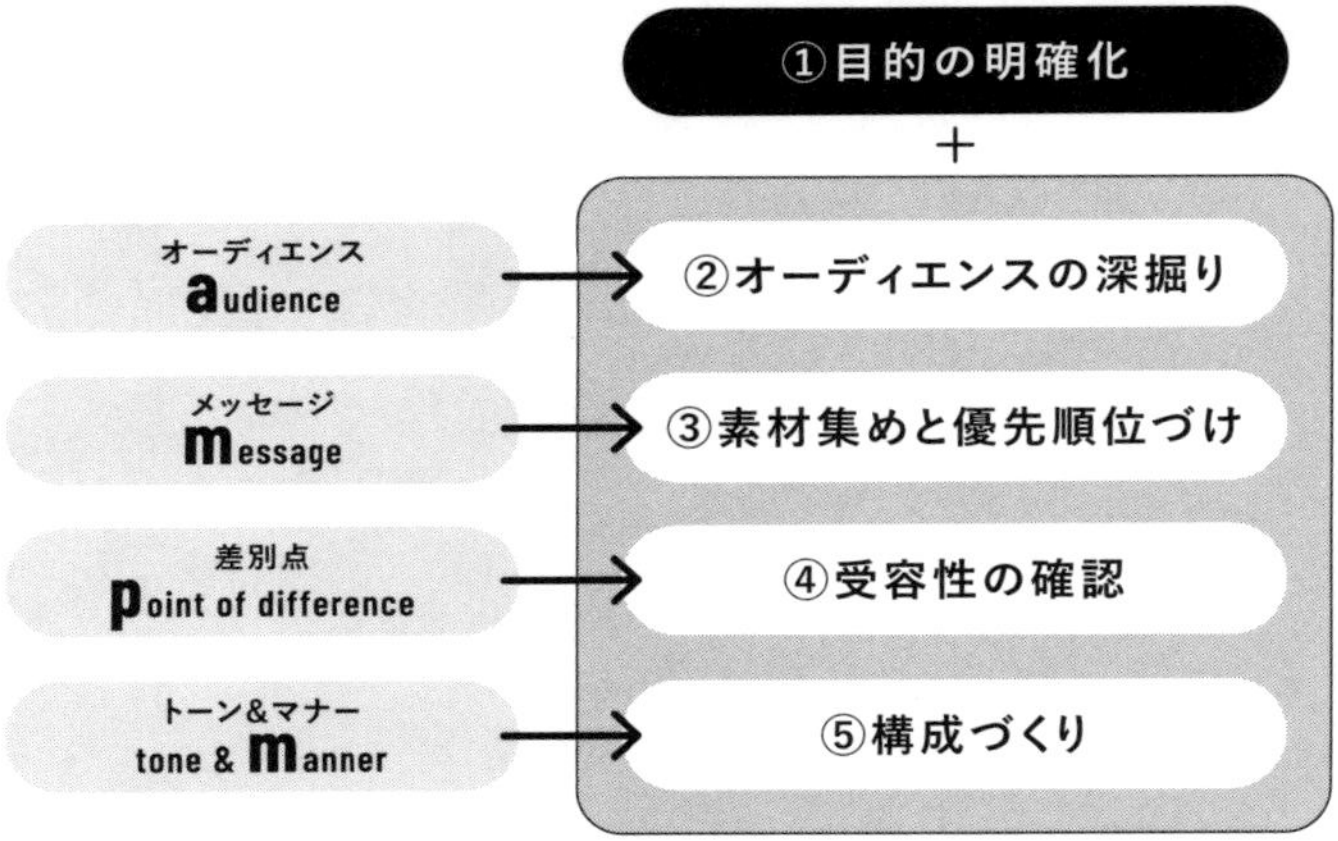

ケーションを「プランニング」することが有効になります。プレゼンテーションの場合、第2章でつくったコンセプトの4つの構成要素に、全体にかかわる「目的」を加え、5つのことを検討していきましょう。

①目的の明確化：まずはプレゼンテーションの目的を明確にします

②オーディエンスの深掘り：一度想定した「オーディエンス」をさらに3つのグループに細

分化します

③ **素材集めと優先順位づけ**：メッセージを伝えるために必要となる「素材」を集めること、そして集めてきた「素材」のなかで、必ず使うもの、使わなくてもいいものなど優先順位を決めます

④ **受容性の確認**：ユニークで新規性のある差別点が、オーディエンスにとってどの程度受け入れやすいかを確認します

⑤ **構成づくり**：以上の４つの要素を鑑みて、全体の構成を考えます

それでは具体的にそれぞれについて検討していきましょう。

①目的を明確にする

プランニングで最初にすべきことは、**プレゼンテーションの目的を明確にすること**です。プレゼンをするからにはプレゼンターには伝えたいことがあるのは、明らかだと思います。そして目的も「新商品の開発の承認をもらいたい」とか「半年後に始まるキャンペーンの承認を得たい」「環境問題に関心を持ってほしい」などすでにわかっていて、「今更わざわざ考える必要があるのか」と思われる方もいるかもしれません。ステップ1のコンセプト開発の段階ではそのぐらい漠然としたものでOKですが、ステップ2では目的についてもう少し具体的にしてほしいのです。

このことをマーケティングの例で説明します。新商品発売時の広告の目的は何かといえば、「その新商品の売り上げを最大化すること」になります。新商品発売時におけるマーケティング活動はすべてそれに尽きますので、その一部である広告もこれが大きな目的になります。しかし、この大きな目的だけでは広告はつくれないのです。なぜかというと、心理的にいくつかの段階を経ないとお客様が購入するところまでにたどり着かないからです。なので、実際の広告開発ではもっと細かい目標が設定されます。たとえば、「10代・20代の女性に対して商品名の認知を上げる」とか「20代・30代の男性に新商品の◯◯という特徴を覚えてもらう」といった感じです。そうすることでよりシャープな広告を開発することが可能になるわけです。

プレゼンテーションに関しては、マーケティングのようにマス・マーケット向けではなく、どのくらい興味や知識を持っているかを特定できる人向けですので、マーケティングほど細かい目的を設定する必要はありませんが、ある程度の具体性は持たせる必要があります。先ほどの例でいえば、「新商品の開発の承認をもらいたい」では大ざっぱすぎますので、「新商品の開発に関して、誰の、どこまでの承認をもらいたい」かを、はっきりとさせるということです。新商品の開発の承認をもらうとしても、ファイナンスの役員への最終承認なのか、研究開発担当役員への初期開発の承認なのかによって、プレゼンテーションの内容は大きく変わってきます。

あるいはもう少し広いオーディエンス向けの「環境問題に関心を持ってほしい」という目的のプレゼンテーションの場合も、もう一歩踏み込んで、「プレゼンテーションを聞くことによって環境問題への関心が高まってほしい。2割ぐらいの人には家族や友人に話してもらいたい。そして5％ぐらいの人には自社のサイトにもっと詳しい情報を見に来てほしい」といったところまで具体化してみてください。すなわち、目的を「新商品の開発承認」とか「来年度の事業戦略の提案」「環境問題への関心の向上」といった大枠の目的に留《とど》めずに、**プレゼンテーションを聞いてもらうことで、「誰に、どうなってもらいたいか」まで踏み込んで考えてください。**

ここまで目的を具体化できると、プレゼンテーションにはどんな情報が必要なのかがより具体的になるはずです。そして同時に、プレゼンテーションがうまくいったかどうかの、**評価基準も明確にすることができます。**「ファイナンスの役員から開発GOの最終承認を取りたい」といった、オーディエンスが少数のプレゼンテーションの場合、評価基準は明確なので、特に評価基準を設定する必要はありませんが、講演や説明会など、ある程度オーディエンスが広いプレゼンテーション、何回か繰り返すプレゼンテーションでは、評価基準を明確にすることで、次回への改善につなげることができます。目的を達成することができたか、オーディエンスに刺さった点はどこか、今後改善すべき点はどこかが明確になるわけです。

②オーディエンスを深掘りする

コンセプト開発のときにもオーディエンスが誰なのかは検討しましたが、プランニングのステージでは、さらに深く一歩踏み込んでオーディエンスについて考えましょう。

まずはちょっとだけわき道にそれてしまいますが、どうしても皆さんと考えたい質問があります。それは、

「プレゼンテーションは誰のものか？」というものです。

普通に考えれば、「プレゼンテーションを行うプレゼンターのものだ」となるはずですが、このことをもう少し深く考えるうえで、参考になる問題がマーケティングにあります。それは「ブランドは誰のものか？」という質問です。アップルやアドビ、ＨＰ等アメリカの数多くのブランドの開発を担当してきたマー

ティ・ニューマイヤーは、このことについて、「ブランドとは、企業が伝えるイメージではない、消費者が思うイメージだ」とコメントしています。ブランドとは、つまりは競合とは差別化された「イメージ」ですから、ブランドを持つ**メーカーがいくらイメージを伝えたとしても、受け手であるお客様が同じイメージだと認識していなければ、ブランド・イメージができていることにはならない**ということを伝えているのです。

あるファッション・ブランドが「品質が良い上に、センスが良く、時代の先端を行っている」というイメージだとしましょう。メーカーはもちろんこのようなイメージを伝える努力をしているはずですが、実は受け手であるお客様が必ずしも同じように受け取るわけではありません。だから上記のようなイメージがあるということは、メーカーがそう伝えているだけでなく、お客様もそう理解しているということなのです。

このことについて、映画『ふたりの女』や『ひまわり』などの作品に主演しているイタリアの女優ソフィア・ローレンも同じような言葉を残しています。彼女は人を魅了する力について、こう語っています。「(あなたの)セックス・アピールの半分は自分自身のものだけど、あとの半分は世間の人たちの心の中の問題よ」

それでは最初の問題に戻りましょう。「プレゼンテーションは誰のものか?」ですが、もうおわかりの通り、**半分はプレゼンターのものですが、もう半分は聞き手であるオーディエンスのもの**なのです。プレゼンテーションとは、「自分の伝えたいアイデアを、オーディエンスに伝えること」ですから、プレゼンターがどんなに必死にメッセージを語ったとしても、オーディエンスが理解し、納得しなければ、プレゼンテーションは成立しないのです。プレゼンテーションにおいてオーディエンスは単なる聞き手ではなく、成功のカギを握る「共同オーナーだ」という意識を持ってください。

さて、いったんわき道にそれてオーディエンスの重要性を再確認することができましたので、本題に戻りましょう。

ステップ2ではオーディエンスを深掘りしてセグメンテーションしていきます。ある程度のグループにセグメンテーションすることで、グループごとの興味や関心ごとがより具体的になりますし、コミュニケーションのプランニングも容易になります。では、どのようにセグメンテーションするのが有効なのでしょうか。

マーケティングでもターゲットのセグメンテーションは頻繁に使われる手法ですので、マーケティングの例で説明しましょう。マーケティングではどのようにターゲットをセグメンテーションしているかというと、求めるもの、すなわち**ニーズの違いによってグループを分けている**のです。

たとえば有名なアーティストやアニメのキャラ付きのTシャツが、わずか1500円で手に入るというデザイン性と低価格の両方を兼ね備えているユニクロのTシャツの魅力を伝えるときに、価格の安さに強い興味があるお客様に、有名アーティストのことなどデザイン面での魅力をどれだけ説明しても、興味を持ってくれません。逆にデザインに興味がある人に価格のことを強く訴えても結果は同じです。ですからお客様のニーズが異なっていれば、伝えることも異なるため、別のグループに分ける必要があるのです。

同じように、プレゼンテーションのオーディエンスをセグメンテーションする際には、考えるべきことは、**「興味関心のレベル」と「求めるもの」の違い**です。伝えるトピックにどの程度興味関心があるか、そしてプレゼンテーションに何を求めているかの違いによってグルーピングしましょう。セグメンテーションはいくつにでも分割できますが、あまり細かくセグメント分けしすぎると、コミュニケーションの管理も複雑で大変になりますので、プレゼンテーションでは3〜4グループ程度に分けるのがいいと思います。私のおすすめするグルーピングは次の3つです。

オーディエンスの3つのセグメント

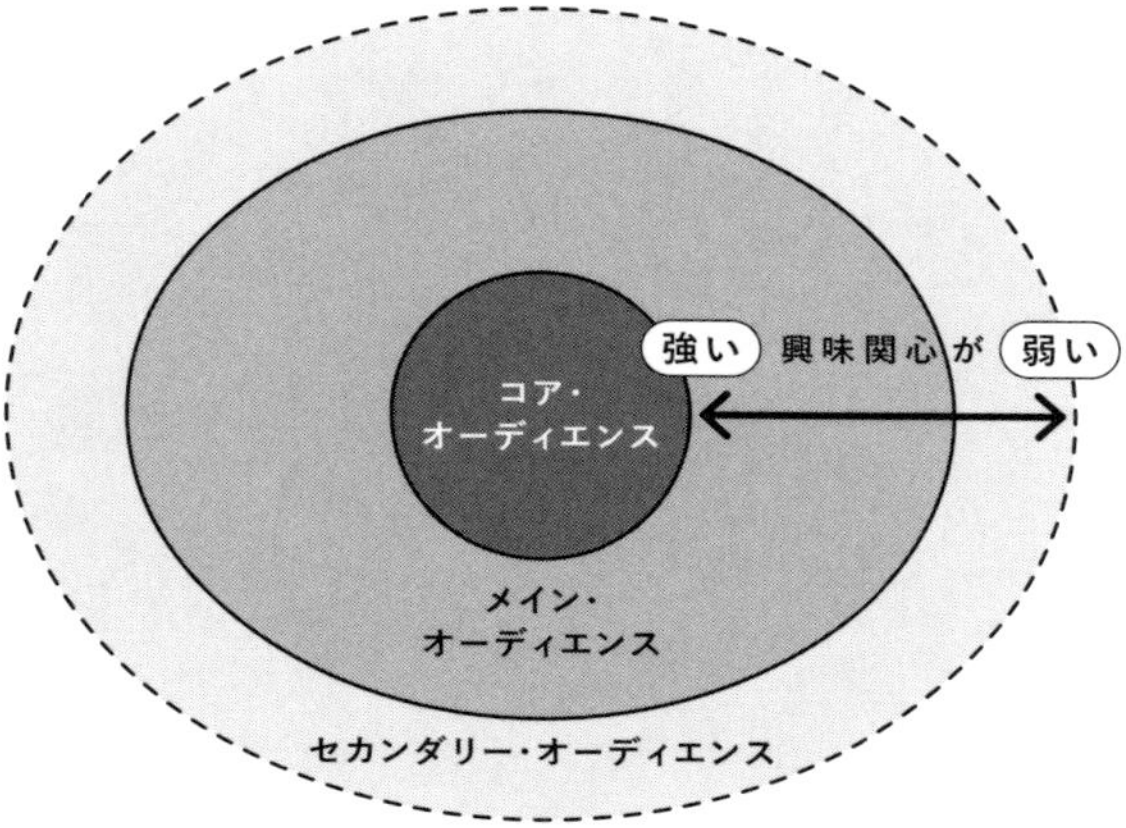

1. コア・オーディエンス
2. メイン・オーディエンス
3. セカンダリー・オーディエンス

この3つのグループを図式化すると、この図のようになります。

コア・オーディエンスは、プレゼンテーションする内容に関して、もっとも詳しく、もっとも興味を持っている熱心なグループです。自分の知っていることよりさらに深い知識を求めています。このグループはもともと興味・関心が高いグループなので、情報が少ないプレゼンテーションの早い段階でも熱心に聞いてくれる可能性が高いのです。そのため、**プレゼンテーションの早いタイミングでは特に重要**です。

メイン・オーディエンスは、コア・オーディエンスほどではないが、プレゼンテーションのトピックにそこそこ興味・関心を持っている、オーディエンスの大多数のメンバーです。見聞きしたことはあるものの、詳しく知っているわけではないので、わかりやすいところから伝えていくことが重要なグループになります。このグループが最終的にはプレゼンテーションの成否を握っていますので、きちんと興味を持ってもらい、納得してもらうことが大事です。

そして**セカンダリー・オーディエンス**は、メイン・オーディエンスのさらに外側にいて、直接のオーディエンスではないが、排除せずにうまくやれば取り込める可能性のあるグループということになります。典型的にはあまり興味はないけど友人に誘われた、子どもの付き添いとして聞きに来たといった人たちなどです。

この3つのグループを、私の大学院の講義を例に説明しましょう。私の授業の場合、コア・オーディエンスは、これまでにマーケティング経験のある学生です。このグループはマーケティングに興味や知識があり、マーケティングに関して学ぶことに貪欲かつ積極的ですが、すでに知識がある分、マーケティングの初歩的なことばかりを伝えると興味が失せてしまいます。一方で早い段階から積極的に興味を持ち、授業のなかで発言してくれます。

メイン・オーディエンスは、マーケティングは仕事で経験したことはないが、マーケティングを学ぶことに興味がある大多数のグループです。このグループにはマーケティングのベーシックな考え方を教えると同時に、いかにマーケティングがおもしろいかを伝えることが重要になります。このグループは、これまでマーケティングを実体験していないわけですから、カリキュラムの早い段階で実際にマーケティングの魅力を体感してもらうことが、次回以降の授業参加へのモチベーションを高めることになります。

最後のセカンダリー・オーディエンスについては、今のところ幸運にも私の授業では存在していませんが、もし「この授業の単位は取るのが簡単だ」という理由で講義を受けている学生がいるとすると、彼らはこのグループになるでしょう。マーケティングにまったく興味を持たないこのグループは、本来のオーディエンスではありませんが、排除はせずに授業に巻き込み、おもしろさを体感してもらうことで、授業に興味をもってもらうことをねらいます。

コミュニケーションのプランニングという点では、このそれぞれのグループの興味関心ごとと、何を求めているかを把握することが重要です。というのは、**オーディエンスの興味・関心領域がわかったうえで、それと自分の考えとの接点を見つけ、そこを起点に話を自分の伝えたいことに広げていく**という流れでプレゼンテーションを進めていくのが有効だからです。

中でもコア・オーディエンスが誰で、何に興味を持っているかを把握しておくことがとりわけ大事になります。というのは、まだ情報をあまり出していないプレゼンテーションの**早い段階でもっとも熱心な聞き手はコア・オーディエンス**だからです。そもそもプレゼンテーションのトピックに関心の高い彼らは、わずかな情報でも興味を持って聞いてくれるので、彼らの気持ちをうまくつかむことで、プレゼンテーションの雰囲気は良くなります。「このプレゼンテーションはおもしろそうだ」という雰囲気をオーディエンス全員に伝播することができるからです。「ようこそプレゼンへ」のパートで、コア・オーディエンスの興味関心のあることから話を始め、笑ったり大きくうなずいてくれたりするオーディエンスが出てくれたら、しめたものです。その後のプレゼンテーションはぐっとやりやすくなっているはずです。

③素材を集め、優先順位をつける

次に、メッセージの深掘りにあたる、「素材集めと優先順位づけ」を行います。プレゼンテーションの「目的」「オーディエンス」を鑑み、大事な「メッセージ」を伝えるために必要な「素材」を集め、それらの「素材」に優先順位をつけましょう。

1．素材のリストづくりと素材集め

まずは集めるべき素材のリストをつくってみましょう。自分が伝えたいことをきちんと理解してもらうためには、どのような前提やサポート情報を理解してもらわなければならないかを考え、プレゼンテーションに含める情報のリス

トをつくる必要があります。

前提やサポート情報は、プレゼンテーションの目的が何か、そしてオーディエンスがそのトピックにどの程度詳しいか・興味があるかにより変わってきます。ですから、ありとあらゆることを網羅的に含めたリストをつくるのではなく、目的とオーディエンスに基づいて必要な情報、不要な情報を判断しましょう。

もしリストが網羅的になりだしたら、「自分がメイン・オーディエンスの1人だったらどう感じるか」を考えてみましょう。聞く側の目線に立ってみると、話す側の時には必要と思っていたことが、あまり必要ではないと気づいたり、逆にある情報がないと理解できないとわかったりすることができます。

おおよそのリストができたら、それに基づいた「素材」を集めましょう。自分の考えだけでつくれるページもあるでしょうが、使いたい事例、有名人のコメント、映像、数字などもあるはずです。プレゼンテーションをつくるために必要なこういったものを効率よく集めていきましょう。

2. 素材の優先順位づけ

そして、ある程度素材が集まってきたら、優先順位をつけましょう。自分の伝えたいことを丁寧に検討すれば、いくつかの要素に分解できるはずです。そのそれぞれの要素のなかで、「どうしても伝えなければならない優先順位が高い内容はどれか」、逆に「できれば伝えたいが、実は理解されなくても大丈夫だと思われる内容は何か」を客観的に考えましょう。

プレゼンテーションでは、時間や見せることのできるページ数に限りがあります。その限られた中で絶対に伝えなければならないものに十分な時間・紙面を取らなければなりません。ですから、いろいろ伝えたいことがある中で、「本当に伝えなければならないものは何か」をきちんと把握しておく必要があります。

④新規性のある差別点の受容性の高さを考える

次に考えるべきことは、プレゼンテーションの核になる自分の主張・アイデアの差別性・新規性が、今回のオーディエンスにはどの程度受け入れやすいかということです。

オーディエンスにとって受け入れやすい主張・アイデアであれば、比較的シンプルなメッセージで大丈夫でしょう。しかし、**差別性や新規性が強く理解に時間がかかる主張や、すぐには判断がつかない複雑な主張をプレゼンテーションする場合には、ひとつの理由だけではなく、いくつかの理由を多角的に説明する必要が出てくる**のです。

さまざまな側面から納得しないと、そのアイデアを受け入れてくれない主張について、新商品を購入してもらうというマーケティングの事例で考えてみましょう。たとえば、ペットボトルの飲料やアイスクリームなど比較的価格の安い新商品の場合、あまり多くの情報がなくても、「最近発売された新製品」ということだけで試し買いをしてもらうことができます。これは、たとえ失敗しても200円程度の損失で済むからです。一方、車やマンションなど高額な商品を買う場合には、情報が少ないと購入するという意思決定ができません。万が一失敗すると何百万円から何千万円もの損失が出てしまうからです。

このような高額な商品、すなわち購入のハードルが高い商品の場合、購入を促すためには、多角的な情報を伝えることが非常に重要になります。車なら「燃費もいいし、後ろのシートも広い、安全性も高いし、リセールバリューも高い。そのうえ今ならローンの金利も特別なレートにしてくれる」など、複数の理由があって、ようやく「だからこれを買おう」となるわけです。

この行動パターンがプレゼンテーションにも当てはまります。オーディエンスが受け入れやすい主張の場合にはシンプルな説明でも問題がありませんが、複雑だったり非常にユニークで受容度が低そうな主張の場合には、複数の視点から多角的に説明することが必要になるのです。

たとえばチョコレート付きのアイスクリームの新商品を社内のマネジメントに提案するという事例を考えてみましょう。アイスクリームの外側にチョコレートのコーティングをしたアイスクリームでチョコのコーティングにナッツやチョコチップを加えるという新商品を提案するなら、すでにチョコレートでコーティングしているアイスクリームが売られていますし、市場規模や消費者ニーズがあることもはっきりしていますし、製造コストや利益の大きさ等の情報で議論を進めることができるかもしれません。これに対して、チョコレートとアイスクリームを逆転させて外側のアイスクリームの真ん中にチョコレートを入れるという新商品を提案する場合、「なぜ普通と逆なのか」「消費者ニーズはあるのか」「外からチョコレートが見えないのに価値が伝わるのか」「チョコレートが硬く食べにくくないのか」「チョコレートの使用量を多くしなければいけないのではないか」など、おそらくかなりの量の疑問・質問が出てくることになるでしょう。

一般に新規性・ユニーク度が上がるほど、疑問や心配が高まります。ですから、この段階でオーディエンスに納得してもらうためには、どのような疑問がきそうか、そしてそれらに対してどのような情報を伝えると理解してもらえるかを考える必要があるのです。

自分が伝えたいアイデアの受容度を鑑み、プレゼンテーションに足りない素材があれば、あらためて集めていきましょう。

⑤構成を考える

最後は、構成を考えることです。細かい構成は仕上げの段階で考えればＯＫです。構成を考え、効率良くプレゼンテーションを組み立てましょう。ここで考えるべき内容は、次の４つです。

1. プレゼンテーションに含める範囲の検討
2. 素材を伝える順序
3. 実演やゲストスピーカーの登場など「飛び道具」をどの程度含めるか
4. プレゼンテーションが複数回に分かれる場合の構成

1. プレゼンテーションに含める範囲の検討

目的、オーディエンス、メッセージとそれをサポートする素材、アイデアの受容度がわかってきた後は、プレゼンテーションにどの程度の内容を盛り込めるかを検討しましょう。プレゼンテーションの時間が15分か、30分か、あるいは2時間なのかによっても大きく変わってきます。もっとも大事な「秘密のアイデア」のパートを中心に、優先順位の高い情報を検討し、どこまでの内容が盛り込めるかを考えます。

伝える順序の基本

広い → 狭い
大まか → 細かい
わかりやすい → わかりにくい
重要度が高い → 重要度が低い

2. 素材を伝える順序

次に集めた素材をどういう順序で説明するかを検討しましょう。大きなストーリーはできていますので、基本的には「悩ましい問題」と「秘密のアイデア」の中の順序ということになります。伝える順序の原則は、「**影響する範囲の広いものから狭いものへ、大まかなものから細かいものへ、わかりやすいものからわかりにくいものへ**」となります。「悩ましい問題」の場合については、まずはオーディエンスにとってわかりやすい問題、オーディエンスの多くに関係のありそうな問題から始め、専門的な問題、より詳細な問題、複雑な問題へと説明を進めていきましょう。

また、「**似たトピックは、まとめて説明するか、続けて説明する**」ことが有効です。似たトピックをとびとびで説明されたり、議論が左右に行ったり来たりするとオーディエンスがついていけなくなります。ある程度似ている案件は、まとまりをつくって説明するのが良いでしょう。

「秘密のアイデア」での説明順序は、まずは自分が一番伝えたいアイデアを丁寧に説明し、そのあとは、**重要な特長から順番に説明する**のがいいでしょう。経験上、先に説明された提案のほうが印象に残り、覚えてくれやすいからです。大事な特長を途中に入れてしまうと埋もれてしまう危険があります。

3. 実演やゲストスピーカーの登場など「飛び道具」をどの程度含めるか

次はどの程度「飛び道具」を含めるかです。実演や有名なゲストスピーカーが来ればプレゼンテーションは盛り上がり、印象深いものになります。ですがその一方で、かなりの時間を割かなければならず、場合によってはそのことばかり覚えられて、本来自分が伝えたかったことは覚えてもらえないという事態にもなりかねません。当然コストもかかってきます。

こういった「飛び道具」が多すぎるとプレゼンテーションが散漫になり「本当に伝えたいこと」の印象が相対的に薄まってしまい、伝わりにくくなることがあります。ですからこれらの「飛び道具」をどの程度使うかを考えておく必要があります。

4．プレゼンテーションが複数回に分かれる場合の構成

そして最後にプレゼンテーションが複数回に分かれる場合、どう構成するかを考えましょう。これは1つのトピックを、数週間にわたって複数回に分けて説明する場合も、1日の中で複数回のプレゼンテーションで構成する場合も同じです。

1つのトピックを複数回に分けて説明する場合には、複数のプレゼンテーションをどう構成するかという、大きなストーリーラインが必要になります。1つひとつのプレゼンテーションを本の1章に見立てて、「章立て」を考えねばなりません。大きなストーリーラインを考えるうえでも、ストーリーの原則は、「ようこそプレゼンへ」「悩ましい問題」「秘密のアイデア」「明るい未来」という流れとなります。第1回目のプレゼンテーションは、大きな構成のなかでは、オーディエンスをプレゼンテーションに引き込む「ようこそプレゼンへ」にあたるプ

レゼンテーションにならなければなりません。そのあとは前章の最後に説明した複雑な問題を説明するストーリーラインのようなかたちになるはずです。

最後のプレゼンテーションについては、全体の総括やまとめが良いと思います。そのころには最初のプレゼンテーションについて記憶があいまいになっている方もいるはずです。あらためて大事なことをまとめ、それぞれのアイデアをまとめることによって、どのような未来が待っているかを伝えましょう。総括という意味では、各プレゼンターが登場するパネルディスカッションやスペシャルゲストが登壇する講演なども良いかもしれません。全体の章立てをどうするか、一番大事な1回目と最終回のプレゼンテーションにはどういった内容をあてるのか、中盤で中だるみしないようにどう工夫するかなど、全体の構成・組み立てを考えましょう。

第
5
章

ストーリーを豊かにする

ストーリーを豊かにする5つのルール

RULE 1
登場人物のキャラクターと強みを明確にする

RULE 2
強い敵や難問を登場させる

RULE 3
敵を倒す理由、難問を解かなければならない理由を理解させる

RULE 4
クライマックスを盛り上げる

RULE 5
伏線やヒントを事前に提示し、必ず回収する

前章ではコンセプトを深掘りしてコミュニケーションのプランニングを行いましたが、この章では、ストーリーテラーの思考を応用して、ストーリーをさらに豊かにしていきましょう。映画やドラマで人を魅了するためには、守るべきルールがいくつかあります。そのなかでプレゼンテーションに応用できるものに焦点を当てて、どのように使っていけば良いかを説明していきます。

プレゼンテーションにおいてス

トーリーを豊かにする際、特に重要なのは次の5つのルールです。
それではこの5つのルールを詳しく見ていくことにしましょう。

ルール①登場人物のキャラクターと強みを明確にする

第1のルールは、「登場人物の**キャラクターと強みを明確にする**」ことです。映画やテレビドラマでは、登場人物の「キャラクター（＝いわゆる「キャラ」です）」と「強み・弱み」が明確に示されます。

たとえば、主人公に関しては、何歳ぐらいで、どのような仕事・生活をしているかといった基本的なことから、どのような性格で、過去にどんな経験・トラウマを持っているかなどのより深い情報まで、過去の回想や友人との会話を通してなにげなく説明されていたり、ちょっとした言動や顔の表情などで、わかるようになっています。

キャラクターや強みが明確なのは主人公だけでなく、すべての主要な登場人物にも当てはまります。登場人物にはそれぞれ、物語のなかでの役割があてがわれており、その役割を担うために明確なキャラクターと強み・弱みが設定されているのです。

なぜキャラクターや強み・弱みが明確に設定されているかというと、その違いによって、同じ状況でもドラマをいろいろ展開することができるからです。

たとえば、「母親が突然亡くなった」という状況でも、キャラと性格により、泣き崩れる主人公もいるでしょうし、てきぱきと事後のことを処理しようとする主人公もいるでしょう。

あるいは、「逃げ場のない場所で大きなクマに襲われる」という状況で、空手で挑む主人公もいるかもしれませんし、俊敏な行動でその場を逃げ切る主人公もいるかもしれません。

主人公に限らず、登場人物のキャラや強み・弱みは、いろいろな事件が起きるきっかけとなったり、敵を倒したり問題を解決する糸口になったりします。つまり、キャラクターと強みが特徴的だからこそ、それによって物語が展開していくわけです。

ここで映画やドラマでは、ちょっとだけ仕掛けがあります。実際の人間は多面的で、その時の状況や精神状態によって優しくなったり意地悪になったりするものですが、そのような多面的なキャラクターでは短い物語のなかでは複雑になりすぎて観客が混乱してしまいます。そのため、映画やテレビのなかでは、意図的に**キャラクターや強みを単純化**して、わかりやすくしているのです。じつは、この「単純化」もプレゼンテーションで応用すべき仕掛けです。

では第1のルールを、プレゼンテーションではどのように応用すればいいでしょうか。次の3つの項目に分けて説明していきましょう。

（1）戦略提案などのプレゼンテーションでは、**自社、競合企業等のそれぞれのキャラクターと強み**を明確にしてきちんと伝える
（2）新商品提案などのプレゼンテーションでは、**新商品、競合商品等のそれぞれのキャラクターと強み**を明確にしてきちんと伝える
（3）その**キャラクターや強みに基づいて**、提案する戦略やマーケティング活動を**組み立てる**

（1）戦略提案などのプレゼンテーションでは、**自社、競合企業等のそれぞれのキャラクターと強み**を明確にしてきちんと伝える

たとえば、来年度の事業戦略を提案するプレゼンテーションや、取引先に対して「あるプロジェクトを自社に任せてほしい」といったプレゼンテーションを行う場合は、自社がどのようなキャラクター、どのような強みのある会社なのかを明確にしてきちんと伝える必要があります。

そして、自社のキャラや強みをより明確にするために、ライバルとなる競合他社のキャラクターと強みも明確に伝えます。

ここでいうキャラクターとは企業の特長やユニークな「個性」のことです。実際の人間同様、企業にも多面的な「個性」があるものです。しかし、短い時間で自社に関するプレゼンテーションを行う場合には、**ライバル会社に比べて特に魅力的な部分をキャラクターとして強調し、解決案や提案に関連する重要な強みに焦点を絞って説明すべき**なのです。

キャラクターと強みの違いこそがドラマを生むドライバーですから、自社が競合他社の**キャラとかぶってしまうのはNG**です。映画やドラマでは、同じキャラの登場人物は2人もいりません。それと同様、競合他社とキャラがかぶってしまうと、同じ市場で共存するのは非常に難しくなりますし、プレゼンテーションにおいても競合他社でも実行可能になるわけなので、説得力は大幅に弱くなります。

ビジネスの分野でライバルとなる企業間でキャラ＝特長がかぶっている場合、通常は価格競争が起きます。顧客から見たら「同じものなら価格が安いほうがいい」となるわけです。これでは共倒れになりかねません。ですから、ビジネスの世界でもキャラはかぶらないようにすべきなのです。

（2）新商品提案などのプレゼンテーションでは、**新商品、競合商品等のそれぞれのキャラクターと強み**を明確にしてきちんと伝える

新商品提案など、商品主体のプレゼンテーションの場合には、企業のキャラ・強みだけではなく、商品のキャラクターと強みを強調しましょう。そして、（1）の考え方同様、ライバルとなる競合商品のキャラクターと強みも明確にしましょう。ここでもキャラかぶりすることなく、ユニークな差別点を持った個性的なキャラをもつ商品として自社商品を説明しましょう。

（3）そのキャラクターや強みに基づいて、提案する戦略やマーケティング活動を組み立てる

先ほど話したように、映画やテレビドラマでは、主人公がそのキャラクターや強みを生かして敵を倒し、難問を解決していきます。キャラと強みこそがドラマを展開していくドライバーであり、敵を倒す主人公の最大の武器なのです。同じことがビジネスのプレゼンテーションでも当てはまります。

早い段階で説明した企業や商品のキャラクターや強みが、最終的にはライバル企業・商品に対抗する最大の武器になっていなければなりません。ですからすべての提案は、自社のキャラクターや強みに基づいて組み立てられなくてはならないのです。このことを「部品メーカーの売り込み」を例に説明してみましょう。

ここに小さな部品メーカーがあるとします。この会社は「生産可能な数量は少ないけれど、小回りが利く」部品メーカーです。この会社が自社のことを売り込

むなら、自社のキャラを生かして、「少量でも比較的安価かつ短期間で部品を納品することができる」という提案を行うべき、ということになるわけです。

自社のキャラクターや強みが、ライバル企業・商品との「戦い」において何も使われていない場合は、大いに問題ありです。大事なキャラクターと強みが十分に生かしきれていないからです。この場合には提案が理解されない、あるいは提案の信頼性が低いということになってしまいます。

ご自身のプレゼンテーションにこの問題がある場合には、きちんとキャラクター・強みと戦略提案・活動提案がつながるように、キャラ・強みか提案内容かどちらかを再検討してください。

ルール②強い敵や難問を登場させる

2つめのルールは「**強い敵や難問を登場させる**」ことです。映画やテレビドラマでは、必ず強い敵、あるいは難問が登場します。強い敵が複数いる、あるいは難問が何個か続くというパターンも少なくありません。

いずれにしても、倒せそうもない強い敵、解決するのが難しそうな問題が主人公の前に立ちはだかります。エヴァンゲリヲンにおける使徒とか、バットマンにおけるジョーカーです。

通常、敵が強ければ強いほど、そして問題が難問であれば難問であるほど、観客の「物語を最後まで見たい」という気持ちは強くなります。というのは、「どうやってその強い敵を倒すのか、どうやって難問を解決し真犯人を見つけるのかが、わからないから、その『答え』を知りたい」と考えるからです。

さて、プレゼンテーションではこのルールをどのように応用できるでしょうか？　実はプレゼンテーションでも、もっとも強い敵や難問を登場させることで、プレゼンテーションを最後まで興味を持って聞いてもらうことができます。

では、プレゼンテーションにおける「敵」「難問」とは何でしょうか？

それは、**競合するライバル企業や商品、そして解決すべき問題のこと**です。自社の戦略を提案するのであれば、強敵はその業界1位のライバル企業ということになりますし、商品開発の提案であれば、それはマーケットシェアのもっとも大きい№1商品になります。ライバルとの競合関係に関する問題でない場合は、解決しなければならない問題そのものになります。

ここでもう1つ大事なことは、その敵は**弱い敵ではなく、強い敵であること、簡単に解ける問題ではなく、難問であること**です。ライバル企業や解決すべき問題にもいろいろなものがありますから、毎回必ずしも強敵、難問が登場するということはないかもしれません。しかし、プレゼンテーションを魅力的に見せるためには、強敵や難問が欠かせないのです。

では、いろいろ検討してみても、敵があまり強くない場合、あるいは解決が難しくない問題しかない場合は、どうすればいいでしょうか？　結論からいえば、その敵をできるだけ強そうに見せる、その問題の難しさをできるかぎり強調する、ということです。

プレゼンテーションに興味を持って、きちんと最後まで聞いてもらうためには、打ち勝たなければならない敵や、解決すべき問題を、さらりと説明してプレゼンテーションを進めるべきではありません。弱い相手、簡単な問題をクリアしても、オーディエンスはたいして感動してくれることはありません。

ですから自分にとっては強敵、難問ではなかったとしても、プレゼンテーションを聞くオーディエンスに、**どう見せれば強い敵に見えるか、どう見せれば難問に見えるか**、きちんと見極める必要があります。プレゼンテーションという物語の主人公である自社や自社の新商品がみごとに**問題を解決する前に、立ち向かう相手を非常に手ごわい「強敵」「難問」に仕立て上げる必要がある**のです。

⁉ ルール③敵を倒す理由、問題を解かなければならない理由を理解させる

3つめのルールは、「**敵を倒す理由、問題を解決しなければならない理由を理解させる**」ことです。前章でも軽く触れたように、このことは映画やテレビドラマを観ているときには、あたりまえすぎてあまり意識していないと思います。ですが、実は非常に大事な要素なのです。

というのは、敵を倒さねばならない理由、問題を解決しなければならない理由を理解することによって、**観客は主人公の行動を理解・共感し、敵を倒す・難問を解決するというクライマックスまでの物語に、興味を持ち続けるから**です。つまり、「**理由の理解**」**こそが、物語の最後まで興味を持たせ続ける原動力**だからなのです。

映画『ダイ・ハード』では、ジョン・マクレーンがテロリストと対峙しなければならないのは、彼の奥さんが人質になっているうえに、彼がビルのなかで自由に動ける唯一の人物だからです。これがわかっているからこそ、彼が最後まで1人でも闘い続ける物語に惹かれるわけです。

また、名探偵のコナン君が難解な殺人事件を解かなければいけないのは、彼が頭脳明晰な探偵で、警察が解けない殺人事件の現場に居合わせてしまったからです。そして我々は彼がどう犯人のトリックを見抜くかを、楽しむわけです。

ただ、多くの映画やテレビドラマでは、敵を倒すべき理由・問題を解決すべき理由は、直接語られるのではなく、物語の中で自然と理解できるようになっています。しかし、それが観客に伝えられない物語はありません。

プレゼンテーションでもこのことはまったく同じです。プレゼンテーションを最後まで興味を持って聞いてもらうためには、「なぜ、提示した問題を解決しなければいけないのか?」という理由を、オーディエンスにきちんと理解してもらうことが、非常に重要です。

そして映画やドラマと違い大事なのは、プレゼンテーションでは多くの場合、**意図的に理由を明示しなければ、オーディエンスにはこのことが伝わらない**ということです。

物語そのものを観にきている映画やテレビドラマと違い、プレゼンテーションの場合には、プレゼンターが解決しようとしている問題が、オーディエンスの最大の関心ごとではない場合もあります。あるいは、現実に解かなければいけない問題がいろいろあって、目移りしてしまうかもしれません、

ですから問題の重要性を伝え、なぜその問題を解かなければならないかをきちんと理解してもらうことは、プレゼンテーションの場合には、映画やテレビドラマ以上に重要になるのです。

また、この理由がきちんと理解されない場合には、前に触れたように、「ほかにもっと良い解決方法があるのでは？」と提案以外の代替案を探したり、提案し

た解決案をいったん保留にして実行を「決断」してもらえないということが起こります。

プレゼンテーションの場合には、単に楽しく聞いてもらうだけでなく、提案したアイデアを承認してもらう、実行してもらうところまで進められなければ本当の目的は達成されません。ですから、自分たちがプレゼンテーションの中心に据えている難問が、オーディエンスにとっても重要な難問であると理解し、「なんとか解決しなければいけないな」と共感してもらうことが、特に重要なのです。

ルール④クライマックスを盛り上げる

映画やテレビドラマには必ずクライマックスがあります。そして、その作品のクライマックスがすばらしければすばらしいほど、観客は感動します。

たとえば、アニメ映画『千と千尋《ちひろ》の神隠し』では、千尋が銭婆《ぜにーば》と対峙し大事な親友のハクを助け、両親にかけられた呪いを解いて、無事に元の世界に帰ることができました。映画『タイタニック』では、沈みつつあるタイタニック号のなかで、ジャックとローズは2人で協力しながら必死の脱出を行い、なんとか2人で沈没する船から脱出するものの、ローズを助け続けたジャックは力尽きて、彼女だけを残して海に沈んでしまいます。感動的なクライマックスを数え上げたらきりがないでしょう。プレゼンテーションにも、このストーリーテリングの4つめのルール、「**クライマックスを盛り上げる**」ことを、応用しない手はありません。

では、プレゼンテーションで用意すべきクライマックスとは何か。それは、**自分たちの提案**そのものにほかなりません。そしてプレゼンテーションにおいて「クライマックスを盛り上げる」とはどういうことでしょうか。それは、「**もっとも大事な問題解決のアイデアを、さらっとした説明で終わらせるのではな**

く、**『ここがプレゼンテーションのクライマックスだ』と意識して、一番盛り上がるようにプレゼンテーションを構成すること**」です。

では、どうすればクライマックスを盛り上げることができるのでしょうか？これについても、映画やテレビドラマのクライマックスの盛り上げ方から学びましょう。

クライマックスの大原則は「**ギャップと驚き**」です。**ギャップとは状況の落差**のこと。たとえば、主人公が敵と対峙して、生きのびられないかもしれないという絶体絶命の状況から、最終的に逆転勝ちして敵を倒す。その絶望的な大きなマイナスの状況から、敵を倒すという大きなプラスの状況に変化する。このギャップが、見る人の感情を揺さぶる強いクライマックスになるのです。

さらに敵の倒し方が誰も思いつかないような驚きの手法であればあるほど、感情を大きく揺さぶることになります。つまり、大きなマイナスから大きなプラスへの逆転劇を生むギャップ、そして驚きの手法。この2つの掛け合わせによって、クライマックスを盛り上げているわけです。

このクライマックスの盛り上げ方を、プレゼンテーションに当てはめると、どうなるでしょうか。これはすなわち、**「解決案である『秘密のアイデア』の提案に『ギャップ』と『驚き』を取り入れればよい」**ということです。

では、どうやって大きなギャップをつくるのかといえば、提示される問題が、「どれだけ難しい状況にあるか」「いかに難しい問題であるか」をきちんと伝え、その難しさを十分に強調するということです。

ちょっとやそっとでは解けない難しい問題であると伝えることは、すなわち、「解決案を出す側は追い込まれる」ということになります。ですから、その問題を「難しい」と感じてくれればくれるほど、そのあとに伝える解決案に感じてくれるマイナスからプラスへのギャップが大きくなるということになります。

そして、問題を解決するアイデアが、聞き手が気づかなかった驚きの解決策、すなわち「なるほど」と思える秘密のアイデアであればあるほど、すばらしいクライマックスになるということです。

特に新商品提案の場合には、すでに市場に同じニーズをとらえた商品が発売されているのが常ですから、「なるほど」と思える驚きのある商品以外は、消費者を振り向かせるのは難しいということになります。

このことを私が痛感したのはダイソンの掃除機が発売された時です。それまでは、たくさんの掃除機が発売されているものの、「この分野の家電は日本企業のものが圧倒的に信頼できる」「差別化ポイントは最大吸引力の大きさとアタッチメントの種類の多さ」「デザインはほぼどれも同じで差別性はない」と思っていました。ところがそんな市場に、「吸引力の変わらないただ一つの掃除機」という衝撃的なコピーとともに、おしゃれで洗練されたデザインの、聞いたことのないイギリス企業の掃除機が発売されたのです。これまでの常識や競争軸とはまったく違う、このダイソンの掃除機の発売は、「ギャップと驚き」に満ちた、ワクワクするすばらしい新商品登場の物語だったと思います。

ルール⑤伏線やヒントを事前に提示し、必ず回収する

映画やテレビドラマでは、物語が進むなかで、**その後の展開に関係する「伏線やヒント」が事前に提示されます。そしてそれらの伏線・ヒントは、最終的に必ず回収**されます。物語が転がりはじめるきっかけや敵を倒す伏線・ヒントが事前に提示されていなければ、観客はストーリーについていくことができず、クライマックスに納得も共感もしないからです。

たとえば、推理もののジャンルでは、犯人の動機や探偵が犯人を見つけるきっかけは必ず提示されています。映画『ブレードランナー』では、クライマックスで敵であるレプリカントが最後には主人公の命を救いますが、それはレプリカントたちはもともと、命の尊さを理解し「もっと生きたい」と願って行動してい

たからでした。

それではプレゼンテーションにおける重要な伏線とは何でしょうか。これは、クライマックスである**解決案につながる大事な情報**ということになります。

たとえば、新しいアプリを提案するのであれば、想定顧客であるユーザーの携帯の利用率やよく使うアプリのジャンルと利用頻度などといった情報でしょう。また「夏休みにハワイに行きましょう」という提案であれば、ハワイが持つ魅力や他のリゾート地域に対する旅行代金や移動時間の短さ、街の安全性などが重要な情報になるはずです。

そして**これらの重要な情報を、解決案の提案より前に伝えておく必要がある**ということです。

「夏休みにハワイに行きましょう」という提案なら、他のリゾート地域とハワイの魅力との比較などの情報は、解決案の提示である「秘密のアイデア」のパートより前、すなわち「悩ましい問題」のパートで説明がされていなければならないということになります。

「競合商品よりも高い価格帯に新商品を出すべきだ」というプレゼンテーションを行うのなら、「その商品・自社がプレミアム価値のあるブランド力を持っていること」「今の市場の商品に品質やデザインの面で不満を持っている顧客が多いこと」などの情報が、「悩ましい問題」のパートで、きちんと説明されていなければ、だめだということです。

ここで注意しなければならないのは、解決案に関連するからといって、情報を何でもかんでも詰め込めばいいというものではないということです。**情報がありすぎると何が大事なものかが見えにくくなってしまう**からです。

解決案と関係の弱い無駄な情報は伝えず、大事な情報だけを伝えると決めねばなりません。

たとえば「有名なキャラクターと自社製品とがコラボレーションした商品を開発したい」という提案を複数回に分けて行う場合、第1回目のプレゼンテーションでは、そのキャラクターがどれくらい人気があるかといった情報や、キャラクター商品の市場規模などは、提案につながる大事な情報となります。

それに対して、商品の納品形態や品質管理情報、素材に関する情報などは、最終的には提示すべき情報ではあるけれども、第1回目のプレゼンテーションでは思い切って情報を伝えないという判断が必要なのです。

すなわち、プレゼンテーションにおいては、問題を解決するアイデアに関連する情報の中でも大事な情報だけを吟味し、ヒントや伏線として、解決案の提示よりも前に伝えるということになります。

本章の最後にストーリーを豊かにするストーリーテリングの5つのルールとプレゼンテーション制作での活用の仕方を表にまとめました。プレゼンテーションを制作する際に今一つ盛り上がりに欠けるというときには、この表と比較して、足りないところ、弱いところを補強してください。

ストーリーを豊かにする
5つのルールとプレゼンにおける活用の仕方

ストーリーテリングのルール	プレゼンテーションにおける活用の仕方
キャラクターと強み	① 自社、競合企業等のキャラクターと強みを明確にしてきちんと伝える ② 新商品、競合商品等のキャラクターと強みを明確にしてきちんと伝える ③ キャラクターや強みに基づいて、戦略やマーケティング活動を組み立てる
強い敵	① 強そうな競合企業・競合商品や解決のハードルが高そうな問題を登場させる ② 立ち向かう競合や問題を、手ごわい「強敵」・「難問」に仕立て上げる
敵を倒す理由	①「なぜ、提示した問題を解決しなければいけないのか?」という理由をきちんと理解してもらう ② 意図的に理由を明示する
クライマックス	もっとも大事な問題解決のアイデアを、さらっとした説明で終わらせるのではなく、盛り上がるようにプレゼンテーションを構成する
伏線	① 解決策につながる重要な情報を、解決案の提案より前に伝える ② 伝えるヒントは、大事な情報だけに絞る

「すばらしい物語」から応用したこの5つのルールを守れば、プレゼンテーションのストーリーが豊かになること、間違いないでしょう。

第
6
章

5つのツールで
インパクトを強化する

ステップ1からステップ2と、コンセプトの開発からストーリーを豊かにする方法まで進み、おおよそのプレゼンテーションはできあがったのではないかと思います。ここからのステップ3の目的は、プレゼンテーションの完成度を上げることです。プレゼンテーションをさらに磨きあげ、魅力的なものに仕上げていくための方法を説明していきます。

プレゼンテーションでもっとも大事なのは、もちろん内容です。伝えたい内容が魅力的なものでなければ、そもそもどうしようもありません。

ただし、同じ内容であっても、ちょっと工夫するだけで、伝えたい中身をさらに魅力的に見せたり、わかりやすくしたり、覚えてもらいやすくしたりすることができます。

マーケティングの活動では、世の中にあふれている情報のなかから少しでも自分たちの伝える情報を覚えてもらうために、さまざまな伝え方の工夫を行っています。この章では、それらの工夫のなかからプレゼンテーションにも有効なツールを説明しようと思います。
特に有効だと思われるのは、次の5つです。

大胆なコピーでインパクトを！

インパクトをつける5つのツール

1. コピー
2. メタファー／比喩
3. 数字／グラフ
4. 映像
5. その他の驚き

まずはコピーを効果的に使うことを検討しましょう。コピーとは広告用語で、広告を見る人のココロをつかまえる強くて短い言葉のことです。「キャッチコピー」の省略だといわれています。たとえば、

2023年の自衛官募集のポスターには写真の下に「国家を守る、公務員。」という短い言葉が入っています。これがコピーです。

広告のキャッチコピーというアイデアは、プレゼンテーションにも応用できます。伝えたいことを魅力的な短い言葉で伝えるのです。その言葉がわかりやすく、強いうえに、伝えたい内容の核心をついているとき、その言葉はインパクトを与えるだけでなく、人のココロに記憶されることになるのです。

たとえば、アメリカの大統領選挙では民主党と共和党、どちらの陣営でもコピーが使われます。その中でもとくに有名なのは、オバマ元大統領が大統領選挙で使った、"Yes, We Can" というコピーです。

オバマさんは、「変革を通して現在の困難な状況に打ち勝とう」という考えのもと、さまざまな政策を説明していました。たとえそれらの細かい政策がわか

オバマ元大統領

Yes, We Can

提供：朝日新聞社

らなくても、"Yes, We Can" のひと言で「自分たちは変革することができる。自分たちは困難に打ち勝つことができる」という自分のメッセージを人々に伝えようとしたわけです。

たしかに "Yes, We Can" という言葉は力強く、耳に残りやすいですし、覚えやすいですね。実際、大統領選挙のキャンペーンの時には、オバマさんの肖像とこのコピーを使ったポスターがたくさん使われていました。

安倍晋三《あべしんぞう》元総理大臣の経済政策の例も考えてみましょう。安倍内閣の経済政策を説明するときに使われたコピーは「三本の矢」でした。「大胆な金融政策」「機動的な財政出動」「民間投資を喚起する成長戦略」、この3つの経済政策を総称して「三本の矢」と呼んでいました。もちろん、三本の矢といえば、毛利元就《もうりもとなり》が3人の子どもに伝えた話がそのおおもとです。元就の三本の矢の話は学校の教科書でも扱われていたこともあり、かなり多くの日本人が知っている話なので、覚えやすいコピーでした。

また、その経済政策は「アベノミクス」と呼ばれていました。これも耳に残りやすい言葉で、安倍内閣の経済政策が特別であることを印象付ける非常にユニークなコピーでした。

アップルのスティーブ・ジョブズの例も紹介しておきます。彼は2005年のスタンフォード大学の卒業式にゲストとして呼ばれ、有名なスピーチを行いました。自分の人生を振りかえり、若いときには気づいていなかったが今になっ

Stay hungry, Stay foolish

スティーブ・ジョブズ

提供:朝日新聞社

て自分の人生にとって大事であったことを、若き日の自分に伝えるようにスタンフォードの学生に伝えました。

そして卒業式のスピーチの最後をこの言葉で締めました。“Stay hungry, Stay foolish”（いつまでもハングリーであれ、いつまでも愚か者であれ）。この言葉はジョブズの生き方を象徴するもっとも有名な言葉として、たくさんの人に覚えられることになりました。

このようにすばらしいコピーを使えば、プレゼンテーションはわかりやすく、インパクトが高まり、覚えてもらいやすくなります。実際のプレゼンテーションでは、コピーはあるトピックの見出しやまとめに使われることが多いと思います。

たとえば、コピーを使うことの有効性を説明しているこのパラグラフを例に考えてみましょう。内容のわかりやすさを重視した一般的な見出しにするなら、「短くて強い言葉であるコピーを活用する」というようなものになると思います。それに対して、コピーを使ってインパクトある見出しにするのなら、「大胆なコピーでインパクトを！」という感じになるわけです（169ページからの実際の見出しを見てみてください！）。

この例でおわかりのように、コピーを使うことは、大胆に内容の一部を切り取って驚きを強化するという手法になります。ただし、どんなときにも有効であるわけではありません。内容を正確に伝えたい場合にはコピーを使わないほうがいい場合がありますから、注意が必要です。

メタファーや比喩、アナロジーを活用する

次にメタファーや比喩、アナロジーの活用を考えてみましょう。メタファーとは隠喩と呼ばれているもので、あからさまな比喩ではないたとえのことです。「人生は旅」といった言葉や、「満員電車は地獄」といった言葉がメタファーです。比喩とは、「～のようだ」と表現されるものです。

たとえば、ボクシング選手のレジェンド、モハメド・アリの軽快なフットワークと鋭く強いジャブに代表されるボクシングスタイルは、その当時のメディアからは「蝶のように舞い、蜂のように刺す」という言葉で形容されていました。

そしてアナロジーとは、類推のことで、ある事象を既知のものごとに当ては

蝶のように舞い、蜂のように刺す

モハメド・アリ

提供：朝日新聞社

めて推論する思考のことです。プレゼンテーションでの活用の仕方は、新しいアイデアをすでに知られているアイデアを例にして説明する方法と考えてください。

メタファーや比喩、アナロジーをプレゼンテーションで応用するにあたっては、これらの用語の正確な定義を覚える必要はありません。むしろこれらの「比喩表現」を使うと、わかりにくかったアイデアが一気に理解しやすくなるというメリットを理解してください。

比喩表現を使った例を見ていきましょう。たとえば、イギリスのチャーチル元首相は1946年にアメリカで行った演説のなかで、西ヨーロッパと東ヨーロッパが完全に東西で分断されたことを伝えるために「鉄のカーテン」という言葉を使いました。

もちろん、東ヨーロッパと西ヨーロッパとの境界線に鋼鉄製のカーテンがおろされたわけではありません。ですが、「鉄のカーテン」という言葉で、この両地域の間に厳然たる隔たりがあることを、だれもが容易に認識できるようになったと思います。

映画のなかで使われた比喩表現で特に有名なのは、アカデミー賞を獲得した『フォレストガンプ／一期一会《いちごいちえ》』です。この作品のなかで、主人公フォレストの母親が、フォレストに人生とはどういうものかを教えるときに、「人生はいろいろな味のチョコレートが入ったチョコレートボックスのようなもの。食べてみるまで、どんな中身かわからないのよ」というたとえを使っています。どのような将来が待っているかわからない、期待と不安が入り混じった気持ちをとてもわかりやすく伝えています。

人生とは何かについて、シェークスピアは「世界は舞台」という言葉で説明しました。世界という舞台の上で人はそれぞれ与えられた役割を演じる、これが人生だという彼の考えを伝える言葉です。

また、南アフリカの元大統領のネルソン・マンデラは、アパルトヘイトのことを「長い暗いトンネル」という言葉で表現しました。これはアパルトヘイトがいかに暗く憂鬱で、希望のない閉塞感の強い制度かをわかりやすく伝えるたとえです。

すばらしい比喩表現は時に世の中を大きく動かします。たとえば、社会的な関心の薄かった環境保護活動に注目が集まった最初のきっかけも、この手法が使われたことでした。

アメリカの海洋生物学者のレイチェル・カーソンは、1960年代初め、当時だれも気づいていなかった農薬として使う化学物質を無制限に使い続けることの危険性を伝えるために、本を書きます。そのタイトルは『沈黙の春』（1962年）でした。そのような化学物質を過度に使い続けると、鳥もさえずらない、ミツバチの羽音も聞くことのできない、死んだように静かな春がやってきてしまうかもしれないと警鐘を鳴らしたのです。

『沈黙の春』はたちまちベストセラーとなり、その影響で環境保護を訴える市民が増え、当時大統領のケネディの目にも留まり、環境保護活動がアメリカ全体に広がることになったのです。

このようにメタファーや比喩、アナロジーを使うことによって、新しいアイデアやわかりにくいアイデアを、理解させやすく、人に伝えやすくすることができるのです。

数字、グラフ、表を効果的に使う

次に普段何気なく使われることの多い数字やグラフの扱い方を考えてみましょう。プレゼンテーションにおける数字やグラフは、なくてはならないものなので、その扱いは誰もがわかっていると思いがちです。しかし残念ながら、きちんと「計算」されていない使い方も散見されるので、この機会に使い方を確認しましょう。

数字、グラフ、表のプレゼンテーションにおける基本的な役割は、内容を具体的に示し、わかりやすくすると同時に信頼度を高めることです。その役割に加えて、グラフや数字は使い方によってはインパクトをつけることもできます。

ただし、インパクトをつけるための数字、グラフ、表の使い方は、自分の分析手段として数字、グラフ、表を使うこととは大きく異なります。ですから自分が分析で使用したままのものをプレゼンに使用しても、ほとんどの場合うまくいきません。

まずは表の使い方について考えてみましょう。この表を見てください。これは架空の会社で作った「大学生に聞く就職したい企業ランキング1位～20位」の架空の表です。

日本を代表する大企業が並ぶ就職したい企業ランキングに、まだ中小企業レ

大学生に聞く
就職したい企業ランキング
【1位～20位】

1	A商社
2	B銀行
3	C商社
4	D銀行
5	E食品
6	F傷害保険
7	G航空会社
8	Hホームセンター
9	I旅行代理店
10	J総合家電
11	Kゲーム会社
12	L電力
13	M航空会社
14	N生命保険
15	O広告
16	P商社
17	Q生命保険
18	R自動車
19	Sスポーツメーカー
20	T銀行

ベルの○広告という自分たちの会社が初めて登場したとしましょう。ランクは15位です。調査会社からはこの表が発表されました。プレゼンテーションではどう使うのがいいと思いますか？

まずこの表のままでは、15位という順位が低く見えてしまいます。なので、表を使用する場合には、次の表のように10位まではそのまま、そのあと11位からは14位までは……で省略し、16から19位も……で省略し20位のみを挙げるようにしましょう。

そして、表の上には、「大学生に聞く就職したい企業ランキング1位〜20位」というタイトルだけでなく、「わが社は、全国368万社中、15位にランクイン！」と付け加えましょう。

大事なのは、20位中の15位ではなく、368万社中の15位ということをきち

大学生に聞く
就職したい企業ランキング
【1位〜20位】

1 A商社
2 B銀行
3 C商社
4 D銀行
5 E食品
6 F傷害保険
7 G航空会社
8 Hホームセンター
9 I旅行代理店
10 J総合家電
⋮
15 O広告
⋮
20 T銀行

わが社は全国368万社中15位にランクイン！

んと伝えることです。そして社名と15位という数字をボールド（太い書体）に変えるなどの工夫をしましょう。

ランクが10位以内で省略しづらい場合には、文字色を変える、または○で囲う、自社だけをちょっと大きな文字にする、などの操作で、伝えたい部分が目立つようにしましょう。

他の企業とあまり差がないと、オーディエンスはどこを見ればよいかがわからず、理解するのに時間がかかる上に、まったく別のことに興味を持ってしまう可能性も出てきます。ですから、自分が伝えたいところにきちんと目を向けてくれるように、注目させるわけです。

また、インパクトを強調するという点でこの内容を伝えたいのであれば、このような表を載せるのではなく、思い切って数字だけで使うほうが有効です。その場合には、できるだけ大きく、これだけを載せるのです。

この例でおわかりのように、数字、グラフ、表の使い方の原則は、無駄な情報を省略し、大事な情報を強調することです。

次にグラフについても見ていきましょう。比較的使うことの多い、売上の推移のグラフを例にとって考えてみましょう。このグラフを見てください。これ

大学生に聞く就職したい企業ランキング

O広告は
全国368万社中
15位

は先ほどのO広告の売上に関する時系列のグラフです。

この売上の推移のグラフを使って何を伝えたいでしょうか？　もし、「最近の4～5年も堅調に成長している」ことを伝えたいなら、グラフをこのまま使うのはNGです。というのは、このまま使ってしまうと順調に成長しているようには見えず、逆に「成長が鈍化している」「この先は成長しないのではないか」と思われてしまう危険があるからです。

なので、「最近の4～5年も堅調に成長している」ことを伝えたいのなら、最近4～5年だけを切り取って、成長が落ち着いてきているが、順調に成長していることがわかるグラフにしましょう。

ただし、そのままのスケールでは縦に長くなりすぎますので、Y軸の最初を0ではなく途中から始めるなどの操作をするか、省略のマークを入れて、ここ最近の成長率だけに目が行くようにします。

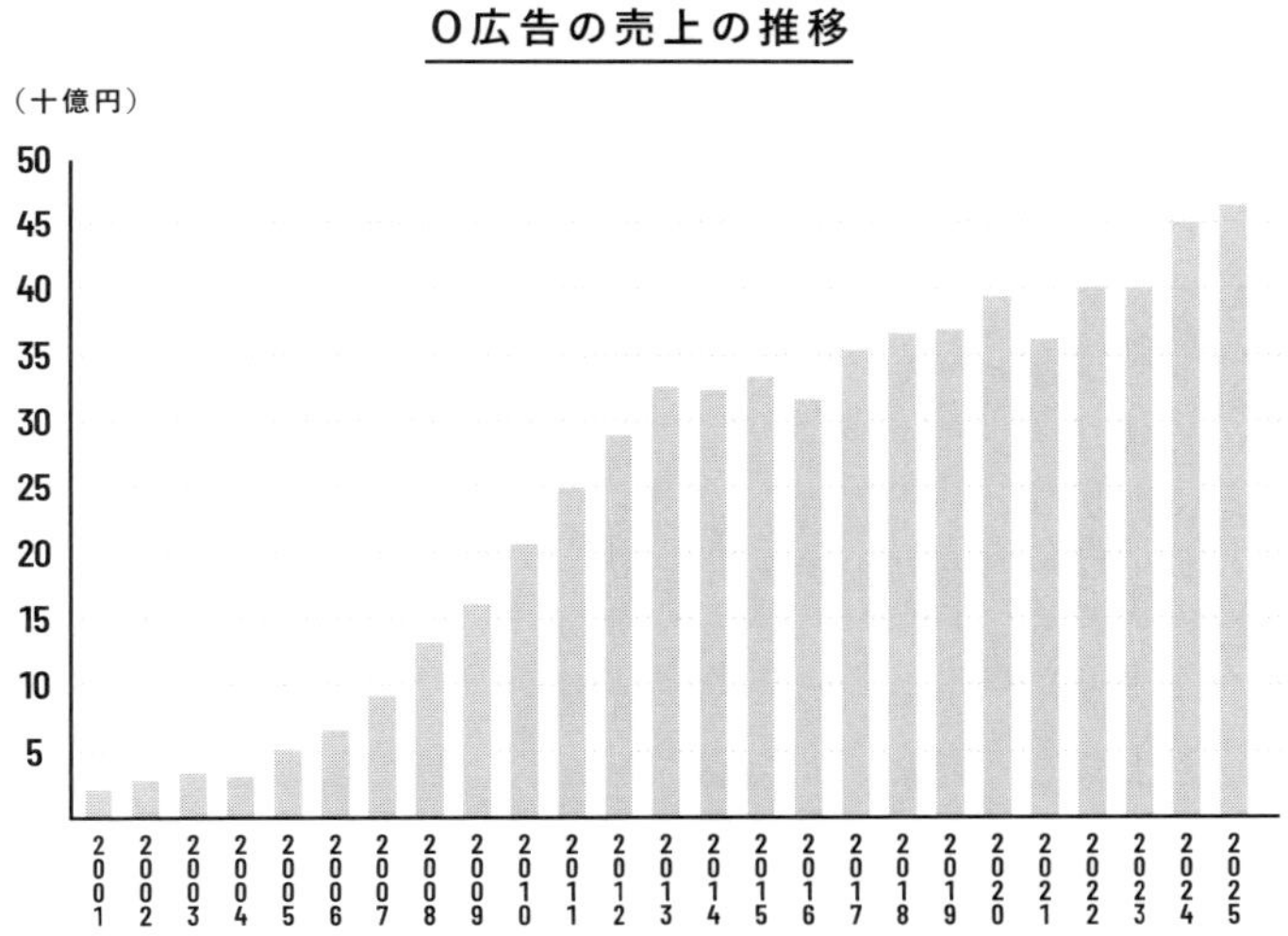

それに加えて、成長をきちんと伝えるために矢印を入れたり、年平均成長率６・４％の文字を入れたりして、さらにわかりやすくします。

もしも「25年間ずっと成長し続けている」ことを伝えたいなら、このグラフを使用するのは可能です。ただし、変化を見せるのなら、折れ線グラフのほうが見やすいかもしれませんので、どちらが良いかも検討すべきでしょう。

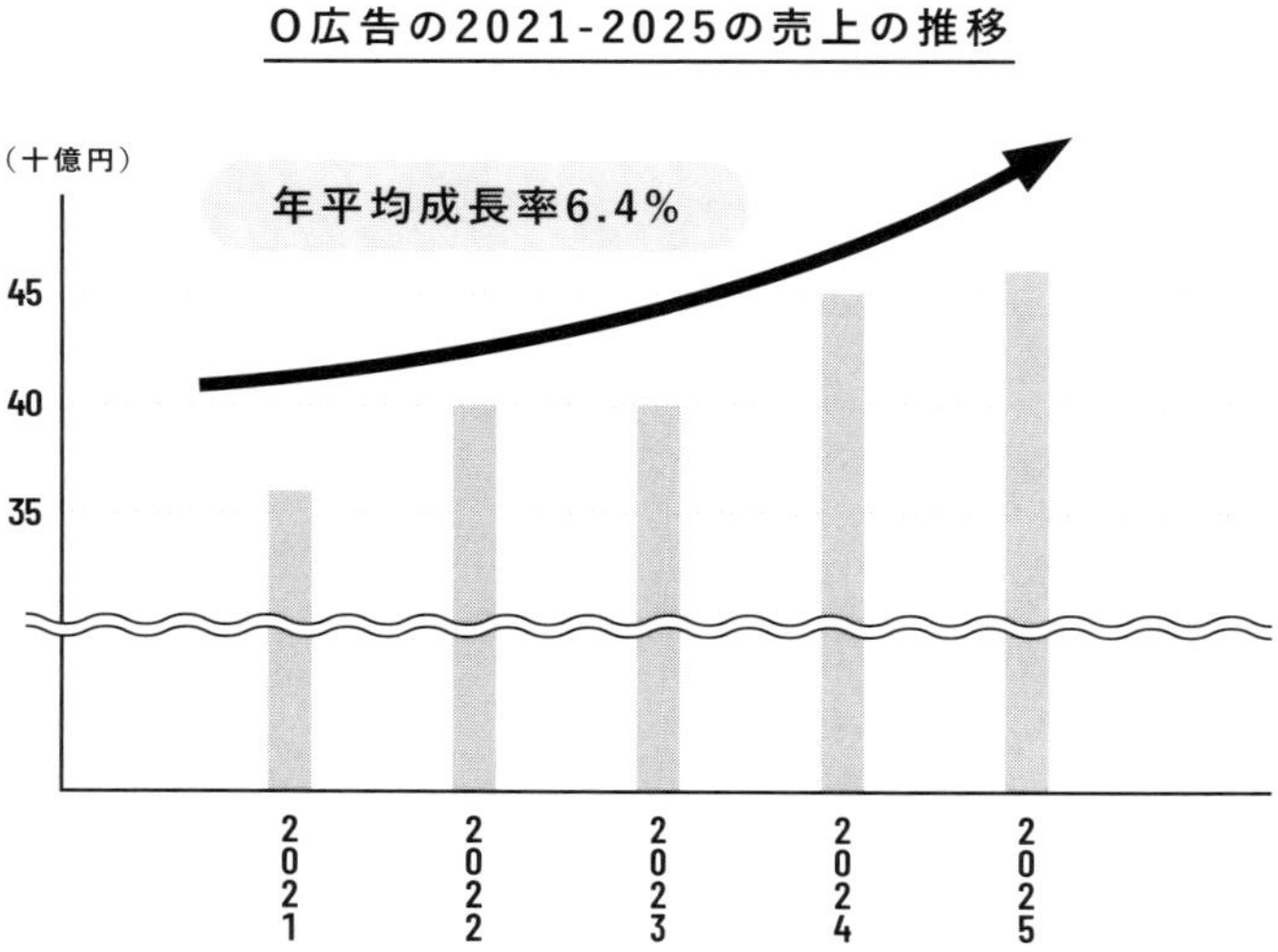

また、直近の5年はあまり成長していないように見えてしまうので、先ほど同様、矢印を使って、右肩上がりに順調に成長していることを理解しやすいように、補助しましょう。

売上金額の大きさを強調したいなら、初年度の売上額と2025年度の売上額を見せて売上成長を強調するのがいいですし、成長していることを伝えたいなら、「売上は25年で20倍に！」といったメッセージを添えるのが良いで

O広告の売上の推移

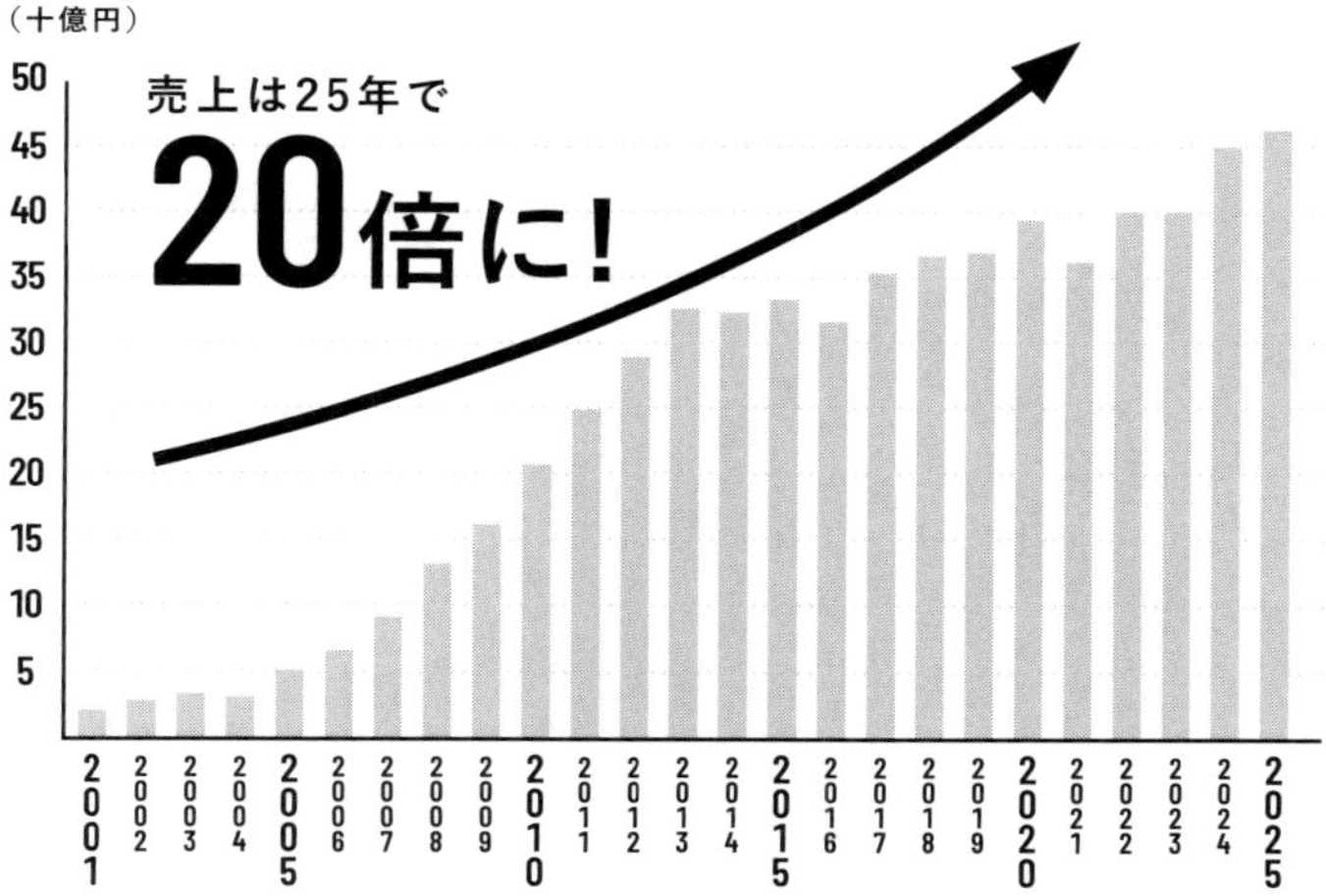

しょう。

なお、横軸の時系列が長すぎる場合は、3年ごとの数字のみを掲載するなど、表示する年を間引くこともできます。ただし、間引く場合は、必ず3年おきにするなどきちんとルール付けをしてください。ルール付けがないと、意図的に見せたくない数字を隠したと思われかねません。

また、インパクトを強調したいというのであれば、先ほど表のところで考えたのと同様に、思いきってグラフをやめて、数字だけにするという手もあります。その場合は、先ほどの例に近くなりますが、このようなかたちになるでしょう。

表やグラフの使い方だけでなく、数字をうまく使うことによって、インパクトをつけることができるということも、わかっていただけたのではないでしょうか。

最後に全体に共通する注意点をまとめておきましょう。まずは1つの表・グラフにつき、伝えるメッセージは1つにするという原則についてです。

実際の分析では1つの表やグラフでいろいろなことを読み取ることができるのですが、プレゼンテーションでそれをやってしまうと、伝えたいことがぶれてしまう危険性がでてきます。

O広告
創業から今年までの成長

25年間で売上

20倍！

プレゼンテーションにおいては、表やグラフは自分の伝えたいことのサポート資料という位置づけなので、混乱や興味がほかに移ってしまうことは極力避けるべきです。なので、原則、「1つのグラフ・表で伝えることは1つ」と考えてください。

そしてもう1つの原則が、数字とメッセージが、きちんと対応していることです。よくあるパターンは、伝えたいメッセージ以上に細かい表を見せてしまうケースです。

「貴重なデータなので見せてあげたい」と思って細かい数字をそのまま出すと、オーディエンスは、その細かい数字をちゃんと理解しようとして、数字の理解に集中してしまい、伝えたいスピーチを聞くのがおろそかになってしまう可能性が高まります。

ですから、数字はメッセージを直接サポートするものだけに絞る、数字をどう読めばよいかをわかりやすくガイドする、といったフォローアップが必要になります。

このパラグラフの中でもお伝えした通り、数字、グラフ、表をプレゼンテーションで使う場合には、実は伝えたいメッセージに基づいて、大胆に省略と強調をする必要があるのです。

映像を効果的に使う

写真やイラストなどのビジュアルを使うのは、もはやプレゼンテーションでは普通のことになっていますし、今は特にビジュアルが重視される時代ですので、写真やイラストは積極的に活用していきましょう。文字だけのプレゼンテーションよりも、写真やイラストを入れたプレゼンテーションのほうが、圧倒的に、オーディエンスの興味を引きやすいです。

写真やイラストを使うのであれば、ある程度の大きさで使うほうが良いです。

小さすぎると、せっかく画像を使ってもインパクトが出ません。

大きさ以外にも、写真やイラストを使うにあたってはいくつか注意点があります。まずは、使う写真やイラストのトーン＆マナーには細心の注意を払ってください。というのは、ビジュアルを重視する時代だけに、ビジュアルからいろいろなことを読み取る方が増えているからです。

ビジュアルのテイストやセンスがイメージやメッセージと違うと感じると、プレゼンテーションの中身や質に関係なく、評価を落としてしまうことがあります。たとえビジュアルから細かい情報を読み取られたとしても、メッセージと齟齬《そご》がないよう、十分注意を払ってください。

映像を使うという点では、さらに強力な方法、音楽付きの動画を見せる場合についても説明したいと思います。音楽付きの動画は、写真やイラストを使った場合よりも、さらにオーディエンスの興味・関心を引くことができます。集中して観てもらえるため、伝えたい内容が伝わりやすく、気分を高揚させたり落ち着かせたり、感情に訴えやすいのです。

プレゼンテーションで使う音楽付きの動画は非常にプライベートなもので一般には公開されていないものが多いのですが、その雰囲気を感じてもらうとすると、非常によくできているのは、2016年のリオデジャネイロ・オリンピックの閉会式で、次の東京オリンピックに引き継ぐ時に使われた映像でしょう。マリオブラザーズのマリオにふんした安倍元首相が登場する前に使われた映像です。この映像では、テンポのいい音楽に、日本らしさが感じられる風景や東京の名所、そして世界で誰もが知っている日本のキャラクターを登場させて、次の東京への期待感を持たせたものでした。

使い方としては、始まりで使う、終わりで使う、そしてもっとも大事なクライマックスで提案するアイデアをよりわかりやすくインパクトを持たせるために使う、などのどれかとなります。

もっともよくある使われ方は、オープニングで活用する方法です。プレゼンテーションが始まる最初の段階で、1~2分の音楽付き動画を見せることにより、これから始まるプレゼンテーションに気持ちを切り替えてもらい、始まることへの期待・ワクワク感を醸成し、オーディエンスのココロをつかむのです。

なお、音楽付き動画が魅力的だからといって、長すぎるのは禁物です。長いとオーディエンスは飽きてしまいます。音楽付き動画はプレゼンテーションのメインではなく、あくまでプレゼンテーションを助ける「飛び道具」です。ですから、「まだ見たいな」と思わせるぐらいコンパクトかつインパクトを持たせる1~2分にとどめるのが良いでしょう。

驚きのある「飛び道具」を用意する

ほとんどのプレゼンテーションは「ライブ・ショー」ですから、これ以外にもいろいろな驚きを用意することができます。たとえば、このパラグラフのように文字と背景の色を入れ替えるだけでも驚きをつくることはできます。

スティーブ・ジョブズは、2008年に軽くて薄いアップルの新しいPC、MacBook Air を発表するプレゼンテーションで、この商品が「世界でもっとも薄いノートブックPC」であることを強調し、茶色の一般的な封筒のなかからMacBook Air を取り出し、このPCが封筒に入るくらい薄いことをオーディエンスに見せました。この演出は当時、本当にインパクトがあり、たくさんのメディアにもこのシーンが取り上げられることになりました。

もっと前にさかのぼれば、ソニーが創業間もない時期に、小さな携帯ラジオを開発し、「ポケッタブル」という造語をつくって、ポケットに入れることができるくらい小さい携帯ラジオであることを強調しました。このラジオの小ささを強調するため、当時は専務だった盛田昭夫《もりたあきお》さんは着ているワイシャツの胸ポケットにそのラジオが入るところを実演したといいます。

この話にはちょっとしたオチがあって、どうも実際にはラジオのほうがやや大きくて、一般的なワイシャツの胸ポケットには入らなかったそうです。なので、ラジオが入る少し大きなポケットをつけた特製のワイシャツをわざわざつくったそうです。どちらにしても、プレゼンテーションはライブですので、このようなプレゼンテーションを補助する驚きを用意することができれば、プレゼンテーションはさらに強いものとなります。

さらに驚きを用意する手法でいうと、プレゼンテーションの途中やオープニングで、提案するアイデアに関係の深い有名人が登場したり、有名人からのメッセージを動画として流したりするといったアイデアも有効です。

実際の商品をサンプルとして配布するというアイデアもありますが、以前経験したプレゼンテーションでいうと、単に手渡すのではインパクトが弱いので、オーディエンスが座っている椅子の裏に貼り付けて最後にそのことを伝えるという例もありました。

また、驚きを与えることを考えるエクササイズとして、大学院の私の授業では、毎回、「400字詰め原稿用紙を2枚使って、自分の『広告』を書いてください。受け手はあなたのことを知らない人とします」という課題を出しています。

ほとんどの学生は、もちろん原稿用紙に自分の魅力を書いてくるわけですが、たまに毛色の違った「広告」をつくってくる学生がいます。これから授業を受ける未来の学生のためにも、ここではネタを明かしませんが、いろいろ考えれば、実はいろいろな「驚き」を考えることができるのです。

プレゼンテーションでも同じです。通常のプレゼンテーションに加え、ぜひいろいろな驚きを用意してみましょう。

第
7
章

プレゼンテーションをさらに
ドラマチックに仕上げる

この章では、プレゼンテーションをさらにドラマチックに仕上げる確認項目について説明していきましょう。考えるべきことは、次の4つです。この4つについて1つずつ検討していくことにしましょう。

なぜ映画やドラマでは伏線を必ず回収することができるのか

映画であれテレビドラマであれ、すばらしい物語はどれも、大事な伏線がきちんと仕込まれていて、クライマックスやエンディングで必ず回収されています。伏線がきちんと提示されていなかったり、きちんと回収されていなかったりすると、観客は「そんなヒント、少しも出ていなかった」「この終わり方は唐突な感じがする」「これじゃ、謎はぜんぜん解けていないじゃないか」などと、結

ドラマチックに仕上げるための4つの確認

1. 伏線はきちんと回収できているか？
2. ストーリーをさらにわかりやすくできないか？
3. クライマックスをさらに盛り上げられないか？
4. 導入部でさらに強くココロをつかめないか？

末に不満を覚えてしまいます。

逆に、自然に伏線が張られ、うまく回収されていると、「おもしろい！」「よくできているな」「あの話がここにつながっているのか」などと、感動が大きくなるわけです。

では、すばらしい物語のつくり手であるストーリーテラーたちは、なぜ間違えることなく、伏線を埋め込み、必ず回収することができるのでしょうか？　物語を楽しむ側からすると当たり前のように思えますが、つくり手側になるとなかなか難易度の高い問題です。どうしたら過不足なく伏線を回収することができると思いますか？

優秀なストーリーテラーが伏線回収をストーリーに埋め込んでいく際、大事にしているのは全体感です。いったん大筋の物語をつくったあとに、**クライマックスからさかのぼって物語全体を確認したりつくり直したりする作業をしている**のです。

もちろんクライマックスを決定づける大事な伏線などは、最初の段階から考えられています。しかし、最初からクライマックスや解決につながる伏線をすべて埋め込むのは不可能なのです。

ですから、いったん物語をつくったあとに、後ろからさかのぼって足りない伏線を確認し、どこに埋め込むのが適切かを検討しているのです。

クライマックスからさかのぼると、敵を倒すことや謎解きにつながるのに語られていないヒントに気づくことがあります。また、せっかく伏線を張ってみたものの、最後にうまく回収できない場合もあります。その場合にはさかのぼって、その伏線を削るのです。

この「クライマックスからさかのぼってストーリー全体を俯瞰《ふかん》し、足りない伏線や、生かされていない伏線を発見する」という方法はプレゼンテーションにも応用できます。

いったんプレゼンテーションのストーリーと構成をつくった後に、「秘密のアイデア」をきちんとつくりこんで、そこからさかのぼって、問題を提案する「悩ましい問題」のところで自分のアイデアや提案を納得してもらうために足りていない情報を埋め込み直すわけです。

クライマックスで自分のアイデア・提案をきちんと理解してもらうためには、たとえば、「既存のアイデアに比べてすぐれているのはどのような点か」「どこに差別点があるのか」「自社の強みをどう生かしているのか」「なぜ他社は模倣できないと思えるのか」などの情報も一緒にオーディエンスに理解してもらわなければばなりません。ですから、差別点や自社の強みなどに関連する情報がプレゼンテーションにおける伏線に相当します。

たとえば、新しく提案する商品の最大の差別点が、これまで業界で使われていなかったキラキラする明るく美しい色だったとしましょう。その場合、このアイデアを「おもしろい」と思ってもらうためには、

- これまでどの企業も同じような色の商品しか販売してこなかった
- 同じ消費者向けに、たくさんのカラフルな雑貨が発売され、ヒットしている(写真も見せる)
- 色が選べないことは消費者の不満の上位に出てくる。そして機能よりもかわいい色を重視する人が予想以上に多い
- 色は高級ブランドでも差別化に重要な要素（Tiffany、フェラーリ、その他ブランドカラーについての情報）

・最近の流行色の傾向

といった情報が「悩ましい問題」のなかできちんと語られていないといけないわけです。

プレゼンテーションのクライマックスである「秘密のアイデア」からさかのぼって、そのアイデアを納得してもらうために必要な情報、伏線をきちんと吟味し、提案前に伝える。これがプレゼンテーションの良し悪しを、大きく左右するのです。

どうすればストーリーをさらにわかりやすくできるか

一般的にプレゼンターは、自分の意見を理解してもらうためには、「できるだけいろいろな事柄を伝えたい」「伝えたほうがいい」と思いがちです。しかし、これは間違った考え方といえます。

実は優秀なストーリーテラーの多くは、「たくさんの事柄を伝えることは、必ずしもストーリーをわかりやすくするわけではない」と考えています。というのは、たくさんの情報を伝えすぎるとかえって複雑になり、混乱させる可能性が出てくるからです。

ですから、**知っている話をすべて語る必要はない。むしろ、無駄な話は極力省く**、ということが大事なのです。**ストーリーをさらにわかりやすくするコツは引き算**なのです。

映画やテレビドラマなどの物語に登場するキャラクターを例にとって、考えてみましょう。

どのような物語でも、主人公・主人公の仲間・最大の敵などの主要な登場人物に加え、ある事件のきっかけをつくる人物、主人公の気持ちを代弁する友人などたくさんのキャラクターが存在しています。そして物語を創作する際には、登場機会が少ないキャラクターについても、生い立ちや家族構成、価値観といった細かい設定をきちんと考えることが一般的です。

しかし実際の映画やテレビドラマのなかで、登場するすべての人物の細かい設定がきちんと描かれるということは、まずありません。物語の展開に有用な情報だけに絞ってその人物のエピソードを語るのです。

多くの場合、生い立ちや性格など主人公のキャラクターを伝える情報量を100%とすると、主人公のまわりにいる主要なサブキャラに関する情報は50〜70%程度、そして登場の少ないキャラでは10%程度しか情報を伝えません。

先ほど述べたように、主人公ではない人物もかなり細かく設定をつくりこんでいることが多いのですが、意図的に伝える情報を絞っているのです。

なぜそうするかというと、すべての登場人物について強弱をつけずに同じ量の情報を伝えてしまうと、観客は誰が大事な登場人物なのかがわからなくなったり、主人公以外のキャラに感情移入してしまったりして、ストーリーテラーが考えたように物語を楽しめなくなる人が出てくるからです。

ですから、物語の創作の際には、それぞれの登場人物たちについて、きちんとキャラクターや価値観などの設定を考えますが、実際の物語では、物語の進行に必要な情報だけに絞って伝えているわけです。「物語を創ること」と「物語を伝えること」の間には、実は大きな差があるのです。

情報が多いと混乱するということが社会科学の分野でも証明されつつあります。アメリカの社会心理学者、シーナ・アイエンガー教授はご自身の研究のなかで、「選択肢が多すぎると、消費者はかえって選ぶことができなくなる」というパラドックスを明らかにしました。この消費者の心理は情報が多すぎると、混乱してしまう典型です。

では、ストーリーテラーは「何を伝えるべきで、何を削るべきか？」ということを、どう決めているのでしょうか？　その主な判断基準は「その情報が物語の進行にどの程度影響をあたえるのか」という点です。そして物語の進行に重要な情報は残し、あまり関係のない情報は削っていきます。

ただし、優秀なストーリーテラーにとっても、最初からその重要性がきちんとわかっていることは稀です。ですから、伏線回収と同様、一通り物語全体を考えた後に、クライマックスと照らし合わせて、「この情報はあったほうが盛り上がる」「この情報はこの登場人物のその後の行動と一貫性が取れていない」などといったことを、吟味します。そして、後ろからさかのぼって、物語の展開に関連しない情報を削っていくわけです。

プレゼンテーションの場合もストーリーテリングと同様です。ストーリーテラーの思考を応用し、**「その情報が、もっとも大事なアイデア・提案にどの程度関連しているか」を、判断の基準にして、無駄な話は省きましょう。**

プレゼンターは、自分が苦労して調べた情報や、時間を使って絞りだしたアイデアを、すべて語りたくなりがちです。しかし、これまで述べたとおり、提案するアイデアに直接関連しない不要な情報を、オーディエンスに伝えることは、プレゼンテーションにとってプラスになるどころか、マイナスになりかねません。

オーディエンスが些末《さまつ》な情報が気になって、プレゼンテーションの本筋のストーリーを追えなくなってしまったり、本来の問題や新しい提案へのオーディエンスの興味・関心が薄れてしまったりということが起こりかねません。また一部のオーディエンスが、データの定義にこだわって説明を求めたり、競合の別の活動の話に脱線させてしまったり、本筋とは関係のないグラフの変化を質問したりして、プレゼンテーション自体が時間切れとなるようなことも起こりかねません。

そうなると、プレゼンターが伝えたいことが適切に評価されないリスクも高まります。実際のビジネスの現場では、こうした混乱がしばしば見受けられます。

確実にオーディエンスを、自分の伝えたいプレゼンテーションの核心に連れていくためには、無駄な情報を伝えることはせず、ストーリーの本筋に関係する情報だけを提示すべきなのです。

「秘密のアイデア」のパートと照らし合わせて、自分のアイデア・提案に直接つながらない情報は思い切って削りましょう。たとえその情報が、収集・整理・まとめを作成するために多大な時間をかけたものであったとしてもです。

「そうはいっても(本筋とは直接関係がないとわかっていても)、一部のオーディエンスから質問が来てしまいそうな情報もあるのだけど」と悩む方もいると思います。

プレゼンテーションには、映画やドラマにはない、そういった状況に対処するための特別な「武器」があります。それは、「**補足資料（アペンディックス）**」です。補足資料とは、言葉の通り、プレゼンテーションの本編が終わった後に、プレゼンテーションを補助する追加情報のことです。

本編には直接関係がないが、質問が来そうな細かい情報については、迷わず補足資料にまわしましょう。たとえば先ほど説明した、データの細かい定義、競合の最近の活動、グラフの本論で説明しなかった箇所についての解説、こういったことはすべて補足資料にまわせばいいのです。

プレゼンテーションで伝える情報は、新しい提案に関連する重要な情報だけに絞り、それ以外の“Nice to Know（知っていてもいい程度）”の情報は、本編終了後の補足資料にまわすことで、オーディエンスの質問に関する悩みは解決できます。より詳しいことを知りたい人だけに、知りたい情報を伝えるわけです。

クライマックスをさらにどう盛り上げるか

これまですばらしい映画やドラマには、必ずクライマックスがあり、そこで大きな盛り上がりをつくっていることをお話ししました。そしてプレゼンテーションで、どのようにクライマックスを盛り上げるのかについても、ひととおり第5章でお伝えしました。

しかし、プロのストーリーテラーでない我々にとっては、盛り上がるクライマックスをつくるのは容易なことではありません。なので、ここではあらためて、どうやってクライマックスの盛り上げを強化するかを考えてみましょう。

映画やテレビドラマでは、どうやっておもしろいクライマックスをつくっているのでしょうか？　「これを考えればある程度簡単におもしろくなる」ような魔法の道具などあるわけもなく、実は、**ひと通りクライマックスをつくった後で、**

地道に、さらに盛り上がるようにストーリーからさかのぼって、徹底的に考え直しているのです。

「さらに主人公をぎりぎりまで追い詰めるために何かできないか」「今ある難問をさらにもうひとひねり、難しくすることはできないか」「ほかの人を犯人のように思わせる仕掛けができないか」など、徹底的に考え、クライマックスをさらに盛り上げる内容を加えていきます。

前述のストーリーをさらにわかりやすくする手段は、「無駄な話を削る」という、「引き算」の見直しでしたが、**クライマックスをさらに盛り上げる手段は、「徹底的に考える」という「足し算」の見直し**といえるでしょう。

「クライマックスからさかのぼって、よりおもしろくできそうなことを加えていく」というストーリーテラーの作法は、プレゼンテーションのブラッシュアップにも、もちろん応用できます。「秘密のアイデア」と「明るい未来」のパートをいったんつくり終えた後に、「自分の提案するアイデアをより魅力的に見せるために、何かできることはないか」「アイデアを採用したいと思うような事例をもっと増やせないか」など、徹底的に考えるわけです。

戦略提案であれば、「その戦略が欠かせないと思ってもらえるより良い情報はないか」「もっとわかりやすい戦略のまとめ方はないか」「戦略を説明する順序に改善の余地はないか」といった細かいことを徹底的に詰めていきます。新商品の提案であれば、「そのアイデアがいかに画期的なものであるかをもっと直感的に伝える方法はないか」「どの特長から説明するのが効果的か」など、小さいことを積み上げていくわけです。

導入部でオーディエンスのココロをつかむ

映画『007』シリーズの、いきなり派手なアクションシーンから始まるオープニング。それだけで観客のワクワク感は高まり、一気に『007』の物語の世界に引き込まれてしまいます。この例に代表されるように、映画やテレビドラマでは、冒頭の「つかみ」が非常に大事です。「観客を物語の世界に一気に引き込むために、どう物語を始めるか」、すばらしいストーリーテラーは、このことの重要性を十分に理解しているので、特に物語の始まり方にこだわることが多いのです。

こうした「つかみ」の重要性は、ユーチューブなどネット・メディアの影響でますます大きくなってきています。ユーチューブなどオンラインの広告では数秒でスキップできるものがあります。そういう広告が表示されることが多くなった結果、早い段階で自分の興味関心と合わないと判断すると、そのあとはスキップしてまったく見ないという「行動」を当然と思う人が、これまで以上に多くなっているわけです。

「早いタイミングでココロをつかむ」ことがより重要になってきているのは、プレゼンテーションでも同じです。プレゼンテーション全体をきちんと聞いてもらうために、早い段階でオーディエンスの興味をつなぎとめる、魅力的な「つかみ」を用意する必要があります。

それでは、プレゼンテーションで効果的な4つの「つかみ」を説明していきましょう。

- **謎を提示する**
- **笑いを取る**
- **シズル・リールを使う**
- **エグゼクティブ・サマリーをつかみに使う**

1つめの「謎を提示する」という方法はもっともオーソドックスで応用の利く手段です。自分が伝えたいアイデアに関することを魅力的な謎かけで伝えるということです。

たとえば、英語を学びながら数学についても学力を向上できるアプリを提案するとします。このケースでプレゼンテーションの演題について考えてみましょう。正攻法でテーマを伝える演題なら、『『英語と数学の2つの科目を効率的に学べる新しいアプリ』の提案』ということになります。これに対して、「謎を提示する」という方法を使って演題をひとひねりするなら、「英語と数学の2つの成績を同時に上げる画期的な方法とは?」とか、「なぜ、英語と数学の2つの教科の成績を、同時にアップできたのか?」といったタイトルになるということになります。

あるいは新しい戦略提案をするのであれば、導入部の「ようこそプレゼンへ」のパートで、「なぜ競合A社は5年連続で2桁成長できているのか?」といった謎かけを提示するということになります。あるいは、冒頭で衝撃的な事実を示すグラフや数字をいきなり見せて、「この10年でこんなにもマイナスが大きくなっています。みなさんご存じでしたか?」などと始めるパターン。これも、それによって「本当? なぜ? どうして?」という知的な疑問をつくっているわけです。

2つめの「笑いを取る」という方法も、非常にオーソドックスなものです。ユーモアを学術的に研究しているスタンフォード大学のジェニファー・アーカー教授とナオミ・パグドナス教授は、その著書でユーモアを用いることの効用を説明しています。

両氏の研究によれば、ユーモアを使うことで、「知り合ったばかりでも信頼感が生まれ、打ち解けることができる」「その場をリラックスした雰囲気にかえる」「発言が(聞き手にとってより)興味深いものとなり、記憶に残りやすくなる」「相手との距離を縮める」「信頼しやすくなる」など、「つかみ」としてはのどから手が出るほど手にしたい効果が得られるのです。

私は以前ある有名な経営者の方に「初めて会った従業員のココロをどうやって

つかんでいるのか?」と、聞いたことがあります。その方の答えは「おやじギャグを言う」というものでした。「笑いをとると、相手は心を開いて、本音の話をしてくれるし、自分の話も聞いてくれるようになる」ということなのです。

プレゼンテーションでも、早い段階でオーディエンスを「くすっ」とさせることができれば、プレゼンターとオーディエンスとの距離は一気に縮まり、「話をちゃんと聞いてみよう」という雰囲気になり、そのあとはかなりプレゼンテーションがしやすくなります。

3つめの「シズル・リールを使う」という方法については、前の章で説明したとおりです。シズル・リールとは自社の魅力を伝える音楽付きの映像(動画)のことです。企業活動のハイライト、商品案内、広告の一部を編集して1〜2分程度にまとめた映像をつくり、プレゼンテーションの冒頭で使うことで、オーディエンスをプレゼンテーションの世界に没入させるのです。

映像をつくるため費用がかかる方法ではありますが、大きなコンベンションでは非常にオーソドックスな方法であり、費用をかけることのできるプレゼンテーションであれば、これも非常に有効な手法になります。

最後に、ちょっと変わったつかみをご紹介しましょう。「エグゼクティブ・サマリーをつかみに使う」という方法です。通常、エグゼクティブ・サマリーとは、プレゼンテーションの要約のことで、時間のない企業の役員に対して、「このページを見れば、プレゼンテーションの概要がわかる」という、まとめです。

比較的多くの人が、この「エグゼクティブ・サマリーを冒頭に入れる」ということを実施しているにもかかわらず、あまりうまく活用できていません。それどころか、プレゼンテーションのサマリーを冒頭で説明してしまった結果、「つかみ」どころか、オーディエンスはプレゼンテーションをもう聞いた気になり、「そのあと長々と説明してもらう必要はない」と、逆にプレゼンテーションへの興味を失うケースも発生してしまいます。

このような失敗を経験したプレゼンターのなかには、サマリーの1枚を入れるものの、プレゼンテーションの際には、ページを飛ばしてまったく説明しないという人も少なくありません。

では、「エグゼクティブ・サマリーをつかみに使う」とは、どういう方法だと思いますか？

ミステリーには倒叙《とうじょ》形式といわれる方法で語られる作品があります。犯人や犯行の様子が最初に描かれ、そのあとで刑事である主人公が、どうやって犯人を追い詰めていくかという作品です。代表的なテレビドラマは、『刑事コロンボシリーズ』『古畑任三郎《ふるはたにんざぶろう》シリーズ』です。これらの作品は、犯人がわかっていても、どうやって犯人を追い詰めるのか、そのプロセスや犯人発見のきっかけを知りたくて、ついつい観てしまいます。

このストーリーテリングの手法をプレゼンテーションに応用したのが、この「エグゼクティブ・サマリーをつかみに使う」手法になります。つまり、「つかみ」

ドラマチックに仕上げるための確認と手段のまとめ

伏線を回収する →	後ろからさかのぼる
ストーリーをわかりやすくする →	引き算
クライマックスを盛り上げる →	足し算
導入部でつかむ →	謎・笑い・シズル・リール

としてのサマリーとは、「この難しい問題を我々はこう解きました。どう考えてこういう結果に至ったと思いますか？」と、プレゼンテーションを始めるということなのです。

エグゼクティブ・サマリーを使ったつかみでは、「**解決案の一部（全部ではないです。一部です！）を最初に伝え、その結論に至るまでのプロセスや論理に興味を持たせる**」というのが原則です。プレゼンテーションの重要なポイントを、すべて1枚で伝えてしまっては、それ以降の話に興味がなくなるのは当然のことでしょう。ですから倒叙ミステリーのように、結論の一部を見せて興味を持たせ、プレゼンテーションに引き込むのです。

最後にこの確認項目のポイントをまとめておきます。こちらを参照してプレゼンテーションをドラマチックに仕上げてください。

第

8

章

もっとも大事なキーワード
共感と感動

ドラマチック・プレゼンテーションを成功させる2つのキーワード

最後の章では、プレゼンテーションをドラマチックに仕上げるために、もっとも大事な2つのキーワードの話をしたいと思います。それは**「共感」と「感動」をつくること**です。第3章や第5章でもこの2つのことは話してきましたが、非常に大事なことなので、ここであらためてまとめておこうと思います。

実はこの2つが重要だとわかったのは、本書を執筆するにあたって、成功するマーケティング活動と、おもしろいストーリーテリングの根本には、ある種の共通性があると、あらためて気づいたことがきっかけでした。その共通性が「共感」と「感動」であり、この2つはプレゼンテーションでも重要であることがわかったのです。

それでは、共感と感動のつくり方について、これから説明していきます。

マーケティング・ストーリーテリング・プレゼンテーションにおける共感と感動

	共感	感動
マーケティング	お客様が欲しい・買いたいと思うことに気づく	お客様が思いつかない驚きを与える
ストーリーテリング	観客が観たい・読みたいと思う題材・展開が用意されている	観客が驚き、感動するエンディングを提供する
プレゼンテーション	オーディエンスも気になる問題を提起する	オーディエンスに驚きや感動を与えるアイデアを提案する

マーケティングでは、相反する2つの能力が担当者に求められます。それは「**人と同じことを感じる能力**」と「**人と違うことを思いつく能力**」です。

たとえば、ある商品を発売したり、新しいマーケティングキャンペーンを展開する場合、担当者は、まずは多くの人が「その商品を欲しいと思ってくれるか」「そのキャンペーンに参加したいと思うか」といったことを考えなければなりません。すなわちマーケティング担当者は、お客様が「買いたい・参加したい」と思うものを開発しなければならないわけです。そのためには、一般的なお客様と同じことを感じられること、つまり、他者に共感できる能力が必要になります。

それと同時に、その商品は「今までにないユニークな特長」があるモノでなければなりませんし、その商品を伝えるために「驚きのある広告」を開発して競合より目立たなければなりません。キャンペーンを行う場合も、「驚きやユニークな仕掛け」があってSNSやメディアで話題になる、魅力的なキャンペーンでなければなりません。

こういったことを開発するためには、お客様を驚かせる、人と違うことを思いつく能力、すなわち、人を驚かせて感動させる能力が必要になるのです。

成功したマーケティング活動は、ほとんどの場合、誰もがほしいと思うものを開発し、それを誰もがそれまで気づかなかった驚きとともに提供しています。ですから、優秀なマーケティング担当者には、この2つの能力が求められるのです。

では、ストーリーテリングの世界ではどうでしょうか？　60人以上の生徒がアカデミー賞を受賞している、映画やテレビドラマの脚本教育の第一人者であるロバート・マッキーは、映画やテレビドラマを成功させるコツについて、「**（ストーリーを）成功させる鍵は、観客が望むものを、予想しないかたちで提供すること**」にあると語っています。

「観客が望むもの」とは最終的には主人公が敵に勝つこととか、主人公の恋愛が成就することなど、観客がこうなるだろう、こうあってほしいと思うストーリーのことです。すなわち脚本家は、観客が観たいと思うことやこうなってほしいと思っていることを、きちんと理解していることが、まずは重要です。

そして「予想しないかたちで提供する」というのは、敵を倒すまでのプロセスや、恋愛のプロセスが一筋縄でなくハラハラさせられるもので、クライマックスとエンディングが、観客の想像を上回る、予想していなかった方法で達成されるということです。

ご存じのように、多くの映画やテレビドラマでは、最終的には主人公は強敵に勝ち、仲間には祝福され、社会は秩序を取り戻し、恋愛は成就します。ですから、結末がどうなるかはおおよそ想像はついているわけです。

しかし、そこに行きつくまでのストーリーが、既知の映画やテレビドラマに類似していると、「観たことある」「どうなるか先が予想できた」などといったコメントが多くなり、新規性がないと評価され、満足度は低くなってしまいます。

観客にこういった不満を持たせない工夫、それが、観客の予想を上回るクライマックスとエンディングなのです。

このことについて、ウォルト・ディズニー・アニメーション・スタジオおよびピクサー・アニメーション・スタジオの元社長であるエドウィン・キャットマルも同じようなコメントをしています。

彼は、典型的なストーリーでは、「とんでもない苦境に陥ってしまう（が）……万事解決する。ところが最後には、現実の人生と同じように、意外な結末が訪れる」と語っています。ディズニーアニメを知り尽くした彼もまた、すばらしい物語には、クライマックスと驚きが重要と語っているのです。

ですから、観客の満足度が高いすばらしい物語は、観客が観たいと望むものを理解・共感し、それを提供すると同時に、観客の予想を上回る驚きと感動を生むクライマックスとエンディングを用意しているものなのです。

マーケティングとストーリーテリングの両方で、「共感」と「感動」が重要なことが確認できたと思います。では、それをどうプレゼンテーションに応用するか、これから具体的に説明していきましょう。

共感と感動の順序

まずは「共感」と「感動」の順序から確認しておきましょう。「感動」を生むためには、必ず「共感」が必要になります。共感なくして感動をつくることはできません。

そして、これまで話してきたように、ストーリーテリングでは、まず序盤で観客の共感を勝ち取り、最後のクライマックスとエンディングで感動をつくります。主人公の抱える問題や葛藤が観客にとっても自分ごとに思える、すなわち主人公に共感できるからこそ、その主人公が問題を解決したときにスカッとするわけです。

主人公にまったく共感できない場合、感動どころか、そもそもその物語を最後まで観たいとも思えず、途中でやめてしまうということすら発生してしまいます。ですからこの2つの順序は、かならず**共感が先、感動が後**です。

すなわち、プレゼンテーションで感動してもらうためには、まずは共感してもらうことが第一歩となります。

共感を引き出す

プレゼンテーションにおける共感について、改めて考えてみましょう。

プレゼンテーションは「プレゼンターの考え」をオーディエンスに共有するものですから、プレゼンターがオーディエンスに共感するのではなく、**オーディエ**

プレゼンテーションにおける共感と感動

	WHAT	HOW
共感	●テーマ／問題への共感 ●プレゼンターへの共感	●オーディエンスと「同じ」であることを伝える
↓		
感動	●驚き／ワクワクのある秘密のアイデアの提案	●問題と解決案の間に大きなギャップを作り跳躍する

ンスに共感してもらうものです。

さらに、**「共感してもらう」とはどういうことかというと、「提起した問題に興味をもってもらう」**ことです。

すなわち、プレゼンターが問題意識を持っている事柄に対して、オーディエンスに「これは自分も気になる『自分の関心ごと』だ」と思ってもらわなければなりません。

プレゼンテーションのトピックが、プレゼンター自身の関心ごとでありながら、同時にオーディエンスの興味関心のある問題であるからこそ、オーディエンスは最後まで興味を持って聞いてくれるわけです。

ですから、早い段階でオーディエンスの共感を引き出す。すなわち、プレゼンテーションのテーマや問題を自分の関心ごとと思ってもらわなければなりません。

そのためには、プレゼンテーションの場合、次の2つのことに共感してもらわなければならないのです。

1．テーマや提起する問題
2．プレゼンター自身

もっとも大事なのは、「**自分が伝えたいテーマ、提起する問題への共感**」です。

ただし、これらはプレゼンターが伝えたいものであり、最初からオーディエンスが聞きたい・知りたいと思うものではない可能性があります。

ですから、自分が伝えたいことが、オーディエンスにとって、どの程度興味をそそるものなのか、きちんと把握している必要があります。そのためには、常にオーディエンス視点でプレゼンテーションを検討し、どうすればオーディエンスにテーマや解決すべき問題に興味関心を持ってもらえるかを考えます。つまり、「**自分の考えを伝えたいなら、相手の視点に立って考えるべき**」なのです。

ほとんどの場合、オーディエンスはそのトピックについて、プレゼンターと同等には考え抜いていないはずです。ですから、プレゼンターとオーディエンスとの間の意識や知識のギャップを、オーディエンス視点で解消することが必要になります。

また、テーマやトピックに興味を持ってもらうためには**プレゼンテーションのタイトル**も重要です。タイトルは、プレゼンテーションを聞く前の段階で、「自分の気になるテーマか?」「おもしろそうか?」を判断する重要な情報になるからです。

タイトルだけでも、「見たい・聞きたい」と思ってもらえるように、オーディエンスの視点に立って、タイトルを決めてください。もし迷ったら、コンセプトに立ち戻りましょう。コンセプトには、オーディエンス、伝えたいメッセージ、差別点、トーン&マナーをまとめているはずです。これをよりどころとして、最善のものを検討してください。

そして、プレゼンテーションがマーケティングやストーリーテリングより少し厄介なのは、テーマや提起する問題に共感してもらうだけでは十分ではないということです。

販売されているモノや映画・テレビドラマを買ったり観たりする場には、商品開発者や映画監督はその場にはいません。しかし、プレゼンテーションの場では、オーディエンスはプレゼンテーションの中身とプレゼンターをセットで見聞きします。

ですから、プレゼンテーションでオーディエンスに共感してもらうためには、テーマや問題点だけでなく、プレゼンター自身にも、好感を持ってもらわなければいけないということになります。

プレゼンターに共感してもらう・好感を持ってもらう一番の方法は、**「プレゼンターも、オーディエンスと同じ視点、同じ問題意識、同じ感覚である」と信じてもらうこと**です。

たとえば、「環境に負荷がかからない新製品」に関して社外の人にプレゼンテーションをする場合を考えてみましょう。メイン・オーディエンスが企業広報担当者の場合には、その新製品が環境に良いということを伝えるだけでなく、プレゼンター自身も、日頃から環境問題や社会的貢献に関心があること、すなわち同じ視点に立っていることを伝えることで、オーディエンスからの共感を得やすくなるはずです。

それに対して、メイン・オーディエンスが経営者である場合には、日頃感じている環境問題や社会貢献の話を強調するよりも、「環境に負荷がかからない仕組みとコストを抑える仕組みをどう両立させているか」「そのアイデアをどのように思いついたか」、といったことを話したほうが、共感がとれるはずです。

また、前の章で話したように、笑いをとることも有効です。笑いをとることで、オーディエンスは、「プレゼンターも自分たちと同じ感覚を持っている人だ」と感じてくれることになります。笑いをとることの効用・重要性はアメリカのビジネススクールでも認識され始めています。良好な対人関係の構築には欠かせない「笑い」は、プレゼンター自身への「評価」が少なからず影響してしまう、プレゼンテーションという行為にとっても、極めて重要な要素となることを、改めて確認しておきましょう。

プレゼンターへの共感を引き出すという点では、第4章で話したオーディエンスが聞きたいことから話を始めるというのも、有効な方法です。オーディエンスの聞きたいことから始めて徐々に自分の伝えたいことに移行させていくことで、同じ視点、同じ問題意識を持っていることを、しっかり伝えることができます。

このような「共感を引き出す」ことは、特に**プレゼンテーションの前半部分、「ようこそプレゼンへ」と「悩ましい問題」のパートで重要**になります。この2つのパートできちんとオーディエンスから共感を得ることがプレゼンテーション成功の重要なカギになります。

感動を生む

続いてプレゼンテーションにおける感動について、あらためて考えてみましょう。感動が大きく関係するのは、後半の「秘密のアイデア」と「明るい未来」です。

プレゼンテーションにおける感動とは、オーディエンスの予想を上回る「秘密のアイデア」を提案してオーディエンスに驚いてもらう・感動してもらうことであり、プレゼンターの視点でいえば、「**オーディエンスに驚きやワクワクしてもらうアイデアを提案する**」ことです。

実際に驚いたり感動してくれたりするかどうかは、プレゼンターが提案するアイデア次第ですから、毎回必ず驚いてもらう、感動してもらうというのは非常に難しいことです。とはいえ、ストーリーテリングやマーケティングの思考では、「どうすれば、より感動や驚きを生みやすいか」はある程度わかっていますので、まとめておきましょう。

「感動」について参考になるのは、やはりストーリーテリングの思考です。物語のクライマックスはどのようにつくられているか、あらためて考えてみましょう。多くの場合、クライマックスでは主人公が絶体絶命といえるところまで追い込まれ、もうだめだというタイミングで予想外の解決案が出てきて逆転勝利することになります。

ストーリーテリングでは、この感動の仕掛けを「**『圧倒的にネガティブな状況』から、一気に『ポジティブな状況』に転換する**」と説明されます。それは深い谷底から一気に山頂まで駆け登るようなものです。そしてこの谷が深く、山が高いほど、つまり、**ギャップが大きければ大きいほど感動が生まれやすい**ということです。

もちろん映画やテレビドラマの場合、このようなストーリーの起伏だけでなく、迫力のあるアクションが伴い、効果的な音楽を使ってより劇的に演出されます。ただし、そのベースにある考えは「ギャップの大きさ」なのです。

悲しみや怒りといった感情の高まりも同じようにギャップの大きさが影響すると考えることができます。幸せの絶頂から辛いことに一気に下降したとき、悲しみや怒りといった感情が生まれやすいわけです。

マーケティングにおいては、驚きを与えることによって、お客様を「感動させる」ことは非常に有効だと考えられています。それは、実は最新の脳科学の知見がマーケティングの手法にフィードバックされているからなのです。

脳科学の研究によれば、人間の脳は、「安心できる慣れ親しんだものが好き」である一方で、「**新鮮味のある新しいことに喜びを感じる**」とされています。ですから、お客様がある程度知っていることに「驚き」を加えることで、「欲しい」「買いたい」と思ってもらえるわけです。

そして、慣れ親しんだことについては多くの場合、消費者は「アンカー」と呼ばれる基準となるものを持っていて、そのアンカーとなる商品やスペックと新商品・新企画を比べて、新しさや驚きを感じるといわれています。

ですから、マーケティングにおける「驚き」は、アンカーである**これまでの常識と、新しい提案とのギャップ**のことであり、その**ギャップが大きいほど驚きが大きい**ということになります。

また、ストーリーテリングで迫力のあるアクションや効果的な音楽で要所を盛り上げるように、マーケティングでは見たことのない映像や切れ味のいいコピー、頭に残りやすい音楽などによってインパクトを持たせて、驚きを強化しています。

これらのことを踏まえれば、プレゼンテーションにおける「驚きや感動があるアイデア・提案」とは、「大きなギャップがあるアイデア・提案」のことです。

ここでいうギャップとは、**「悩ましい問題」で描かれる現在の状態と、「秘密のアイデア」や「明るい未来」で描かれるアイデア、提案、将来像との落差**であり、また**「困難だと思っていた『常識』」と「こんなことできるのかと思う『新しいアイデア・提案』」との落差**です。この2つの間に大きなギャップをつくり、一気に跳躍する、これが感動の仕掛けなのです。

ギャップが大きいほうが驚きや感動は生まれやすいわけですから、アンカーとなるこれまでの常識はできるだけ低く設定してもらうようにガイドすべきです。また、新しい提案はできるだけ見栄え良く、高い山頂に位置づけましょう。

そして、ストーリーテリングやマーケティング同様、感動や驚きを強化する演出を行うべきなのです。丁寧にオーディエンスの気持ちの動きをトレースすることによって、感動あるクライマックスとエンディングをめざしましょう。

旅の終わりに

最後まで読んでいただき、ありがとうございました。マーケティングの思考とストーリーテラーの思考を活用したドラマチック・プレゼンテーションの概要は、これですべてお伝えしました。伝えたいことをできるだけシンプルに研ぎ澄ますこと、そしてそれを緩急つけてダイナミックに伝えること、これが基本的な仕組みです。使うストーリーラインは基本的には1つだけで、それに肉付けすることで、共感と感動／驚きを生むプレゼンに仕上げるのです。

このことに加え、実はこの本では取り上げなかった、プレゼンテーションをドラマチックにするための、最後のふた手間があります。それは、準備と話し方です。

準備について簡単に触れておくと、すばらしいプレゼンターは、多くの場合、オーディエンスの想像以上の時間をかけてプレゼンテーションの準備をしています。たとえば、あのすばらしいプレゼンテーションで有名なスティーブ・ジョブズについて、彼に近い関係者は、「彼ほどリハーサルに時間をかけるスピーカーはいない」といっています。あの忙しい彼が、自身のプレゼンテーションのために何週間も前から練習をはじめ、リハーサルには2日もかけて、本番とまったく同じリハーサルを行っていたようです。あの自信に満ち、語りかけるようなプレゼンテーションは、何十時間もの練習のたまものなのです。

話し方についても簡単に触れておきましょう。プレゼンテーション時の話し方で注意すべきことで、特に意識したいのは、次の5つです。

- **アイコンタクト**：常にオーディエンスと視線を合わせること。また、メモやスライドを読まないこと。

- **身振り手振り**：重要なポイントでは手の動きで、内容を強調すること。
- **声の抑揚**：キーワードや大事な部分では、強く大きく発音し、メッセージを強調すること。また、その前後では逆に、声は小さめにして、強弱をつけること。
- **話すスピード**：自信を持って、ゆっくり語るように話すこと。
- **間の取り方**：結論や強調したいことを伝える前には、一呼吸分の間を取ること。

準備と話し方については、もっといろいろ検討の余地があると思います。自分でいろいろ試してみたり、プレゼンテーションの実務書などを参考にして、自分なりのやり方をつくり上げてください。

最後にこの本の総まとめと、さらに勉強したい方のために、参考文献を挙げておきます。この本をきっかけに読者の皆様のプレゼンテーションがドラマチックになること、そして新しい探索の旅を始められる方がいることを祈りつつ。

2024年10月　土合朋宏

STEP 3 プレゼンテーションの完成度を上げる

インパクトを作る5つのツール

1. コピー
2. メタファー/比喩
3. 数字/グラフ
4. 映像
5. その他の驚き

仕上げのための4つの確認

1. 伏線回収
2. ストーリーのわかりやすさ
3. クライマックスの盛り上げ
4. 導入部のつかみ

ドラマチック・プレゼンテーションの要（かなめ）

2つの思考

マーケティング思考

▶シンプルに研ぎ澄ます

ストリーテラー思考

▶緩急をつけてダイナミックに伝える

2つのキーワード

共感

「同じ」であることを伝える

↓

感動

大きなギャップを作り跳躍する

「ドラマチック・プレゼンテーション」土合朋宏／2024

ドラマチック・プレゼンテーションのまとめ

STEP 1 プレゼンテーションのベースを作る

コンセプトを開発する

- **a** オーディエンス
- **m** メッセージ
- **p** 差別点
- **m** トーン&マナー

ストーリーを構築する

ようこそプレゼンへ
↓
悩ましい問題
↓
秘密のアイデア
↓
明るい未来

STEP 2 プレゼンテーションを制作する

コミュニケーションをプランニングする

1. 目的の明確化
2. オーディエンスの深堀り
3. 素材集めと順位付け
4. 受容性の確認
5. 構成づくり

ストーリーを豊かにする

- キャラ
- 強敵
- 理由
- クライマックス
- 伏線

ジョナサン・ゴットシャル『ストーリーが世界を滅ぼす　物語があなたの脳を操作する』東洋経済新報社　2022
富野由悠季『映像の原則』キネマ旬報社　2002
クリストファー・ボグラー『神話の法則』 ストーリーアーツ＆サイエンス研究所　2010
クリストファー・ボグラー＆デイビッド・マッケナ『物語の法則　強い物語とキャラを作れるハリウッド式創作術』KADOKAWA　2013
ロバート・マッキー『ストーリー　ロバート・マッキーが教える物語の基本と原則』フィルムアート社　2018

経営学・その他

ジェニファー・アーカー／ナオミ・バグドナス『ユーモアは最強の武器である』東洋経済新報社　2022
アリストテレス『弁論術』岩波書店　1992
シーナ・アイエンガー『選択の科学』文藝春秋　2010
伊丹敬之『経営学とはなにか』日本経済新聞出版　2023
ダニエル・カーネマン『ファスト&スロー　あなたの意思はどのように決まるか?』早川書房　2014
カーマイン・ガロ『スティーブ・ジョブズ驚異のプレゼン　人々を惹きつける18の法則』日経BP社　2010
楠木建『ストーリーとしての競争戦略』東洋経済新報社　2010
世阿弥『風姿花伝』岩波書店　1958
スタニスラス・ドゥアンヌ『脳はこうして学ぶ　学習の神経科学と教育の未来』森北出版　2021
ジェレミー・ドノバン『TEDトーク世界最高のプレゼン術』新潮社　2013
ルトガー・ブレグマン『希望の歴史　人類が善き未来をつくるための18章』(上下) 文藝春秋　2021

参考文献

マーケティング関連

足立光／土合朋宏『世界的優良企業の実例に学ぶ「あなたの知らない」マーケティング大原則』朝日新聞出版　2020
石井淳蔵『マーケティングの神話』日本経済新聞出版　1993
ジュディス・ウィリアムスン『広告の記号論』(I・II) 柘植書房新社　1985
梅澤伸嘉『ヒット商品開発―MIPパワーの秘密―』同文舘出版　2004
エリック・シュルツ『マーケティング・ゲーム　世界の優良企業に学ぶ勝つための原則』東洋経済新報社　2002
マット・ジョンソン/プリンス・ギューマン『「欲しい!」はこうして作られる』白揚社　2022
ジョン・フィリップ・ジョーンズ『広告が効くとき』東急エージェンシー　1997
マーティ・ニューマイヤー『ブランド　ギャップ』トランスワールドジャパン　2006
沼上幹『わかりやすいマーケティング戦略(新版)』有斐閣　2008
ジャン・ボードリヤール『消費社会の神話と構造』紀伊国屋書店　1979
G・マクラッケン『文化と消費とシンボルと』勁草書房　1990
スチュアート&エリザベス・ユーウェン『欲望と消費　トレンドはいかに形づくられるか』晶文社　1988
アル・ライズ／ジャック・トラウト『売れるもマーケ 当たるもマーケ　マーケティング22の法則』東急エージェンシー　1994

ストーリーテリング・物語関連

ジョディ・アーチャー&マシュー・ジョッカーズ『ベストセラーコード「売れる文章」を見きわめる驚異のアルゴリズム』日経BP社　2017
新井一樹『シナリオ・センター式　物語の作り方』日本実業出版社　2023
荒木飛呂彦『荒木飛呂彦の超偏愛!映画の掟』集英社　2013
荒木飛呂彦『荒木飛呂彦の漫画術』集英社　2015
小川洋子『物語の役割』筑摩書房　2007
貴志祐介『エンタテインメントの作り方』 KADOKAWA　2015
ジョーゼフ・キャンベル『千の顔を持つ英雄』(上下)人文書院　1984
ジョーゼフ・キャンベル/ビル・モイヤーズ『神話の力』早川書房　1992

土合朋宏（どあい・ともひろ）

一橋大学大学院商学研究科を修了。外資系戦略コンサルティングを経て、日本コカ・コーラ株式会社に入社。16年間マーケティング本部で、世界初のライフスタイルやトレンドの調査部門の立ち上げ、ファンタ、アクエリアス、爽健美茶など既存ブランドの立て直し、綾鷹などの新製品開発などを指揮。その後20世紀フォックス ホームエンターテイメントに移り、代表取締役社長を務め、2017年より外資系映画配給会社でマーケティング本部統括の上席執行役員。2021年から一橋大学大学院経営管理研究科の客員教授を兼任。新市場創造型商品を研究する市場創造学会の理事を歴任。共著書・訳書に『世界的優良企業の実例に学ぶ「あなたの知らない」マーケティング大原則』（朝日新聞出版）、『マーケティング・ゲーム』（東洋経済新報社）など。

ドラマチック・プレゼンテーション

2024年11月30日　第1刷発行
2025年1月30日　第2刷発行

著者　土合朋宏
装丁　宮崎絵美子（製作所）
印刷所　大日本印刷株式会社
発行者　宇都宮健太朗
発行所　朝日新聞出版
〒104-8011
東京都中央区築地5-3-2
電話　03-5541-8832（編集）
03-5540-7793（販売）

Published in Japan by Asahi Shimbun Publications Inc.
ISBN 978-4-02-251991-7